간단한 스페인어 발음법!
The Alphabet

초간편 기본회화!
Best Basic Conversation!

잠깐!! 스페인 여행정보!
스페인에 대한 일반적인 상식!

1. 출발전 준비!

Departure

5

C.I.Q!
출국장으로 들어가면 ❶ 세관검사, ❷ 보안검색, ❸ 출국심사가 차례로 이어집니다! 계속 앞으로 앞으로!

Step 5

6

탑승게이트로 이동!
탑승권에 표시된 탑승구로 이동합니다. '탑승시간'을 반드시 엄수하여야 합니다!!!

Step 6

출국수속 따라잡기!

공항에서의 출국수속은 다음과 같이 진행됩니다.

❶ 공항도착!

❷ 항공사데스크 체크인!

❸ 관광진흥기금권 구입!

❹ 환전!

❺ 비행기 탑승수속!
|세관신고|, |보안검색|,
|출국심사

❻ 탑승 게이트로 이동!

❼ 탑승!

✚ **잠깐만요!**
시간적 여유가 있다면 면세점에서 쇼핑을 하셔도 좋겠습니다.

✚ 비행기 출발 30분 전에는 탑승게이트 대기실에 도착해 있어야 합니다!

주머니속의 여행 스페인어

주머니속의 여행 스페인어
펴낸곳*도서출판 신나라
펴낸이*남병덕
지은이*김수진
연구편집*차호근 임현직 윤영아
　　　　　김지민 채지윤 서재양
2017. 10. 10. 개정4쇄 발행

주소 : 서울 마포구 독막로 28길 63-4
　　　　304호
T.02)6735-2100　F.6735-2103
E-mail : jwonbook@naver.com
등록 : 1991. 10. 14.　제 2016-344호

- - - - - - - - - - - -
* 정가는 표지에 표시!

5. 호텔의 이용! **75**

6. 식당과 요리! **97**

7. 쇼핑용 회화! 119

8. 우편, 전화, 은행! 135

9. 교통수단! **157**

10. 관광하기! **181**

간단한
스페인어 발음법!

The Alphabet

스페인어를 처음 접하시는 독자 여러분을 위해
'세상에서 가장 간단한 스페인어 발음법'을
알려드립니다.

쉽게, 편하게, 그리고 간단하게 익혀서 바로 쓰실 수
있습니다! (한국어 발음표기는 편의상 가장 가까운
음으로 표시하겠습니다.)

간단한 스페인어 발음법!

Al pha bet

스페인어의 특징!

스페인어 알파벳은 모두 29개로 구성되어 있습니다. 이 가운데 모음은 A, E, I, O, U의 다섯 개이고 자음은 영어의 자음보다 3개 (CH, LL, Ñ) 많은 24개입니다. 다섯 개의 모음은 음가 그대로 발음하면 되므로 비교적 쉽게 발음을 익힐 수 있습니다. 다만, 각 단어의 강세 위치에 정확히 강세를 넣어줄 때 좀더 정확하고 세련된 스페인어를 구사할 수 있습니다.

A	**a**	아	[ㅏ]
B	**b**	베	[ㅂ]
C	**c**	쎄	[ㅆ, ㄲ]
CH	**ch**	체	[ㅊ]
D	**d**	데	[ㄷ]
E	**e**	에	[ㅔ]
F	**f**	에훼	[ㅎ]
G	**g**	헤	[ㄱ, ㅎ]
H	**h**	아체	[무성음]
I	**I**	이	[ㅣ]

괄호안처럼 발음됩니다!

J	j	호따	[ㅎ]
K	k	까	[ㄲ]
L	l	엘레	[ㄹ]
LL	ll	에이예	[ㅣ,ㅔ]
M	m	에메	[ㅁ]
N	n	에네	[ㄴ]
Ñ	ñ	에녜	[ㄴ]
O	o	오	[ㅗ]
P	p	뻬	[ㅃ]
Q	q	꾸	[ㄲ]
R	r	에레	[ㄹ]
RR	rr	에르레	[ㄹㄹ]
S	s	에세	[ㅅ, ㅆ]
T	t	떼	[ㄸ]
U	u	우	[ㅜ]
V	v	우베	[ㅂ]
W	w	우베 도블레	[ㅜ]
X	x	에끼스	[ㅋㅅ,ㅅ,ㅎ]
Y	y	이 그리에가	[ㅣ]
Z	z	쎄따	[ㅆ]

괄호안처럼 발음됩니다!

스페인어 발음의 기본적인 특징은
다음과 같습니다.

❶ c는 보통 [ㄲ]으로 발음되지만, 모음 e, i
앞에서는 [ㅆ]으로 소리납니다.
❷ g는 a, o, u 앞에서는 [ㄱ]으로, e, i 앞에
서는 [ㅎ]으로 발음합니다.
❸ h는 무성음으로 발음하지 않습니다.
❹ lla, lle 등은 [이야], [이예] 로 발음합니다.
❺ ña, ño 등은 [냐], [뇨]로 발음합니다.
❻ que는 [께]로, qui는 [끼]로 소리납니다.
❼ 복합철자 rr이나 r이 단어의 첫머리에 오
는 경우는 복합진동음 [ㄹㄹ]으로 소리내므
로, '부르릉~'하고 오토바이 소리를 흉내내낼
때 마지막 '릉~'에서 혀끝이 진동하듯이 소
리냅니다.
❽ 일반적으로 모음 가운데 하나에 강세를
넣어주는데, 단어가 모음이나
자음 n, s로 끝나면 뒤에서
두 번째 모음에, n과 s를 제
외한 자음으로 끝나는 경우
에는 마지막 모음에 강세를
줍니다. 단, 단어 자체에 액
센트가 찍혀있는 경우에는
그 곳에 강세를 줍니다.
(예: **corazón**)

초간편 기본회화!
Best Basic Conversation!

여행 스페인어 회화!
기본의 기본을 소개합니다.
6가지 기본 상황별로 정리했습니다!

❶ 대답하는 법!　　　❷ 인사할 때!

❸ 자기소개!　　　　❹ 부탁할 때!

❺ 감사의 인사!　　　❻ 날씨, 시간, 요일!

"여행회화, 기본의 기본입니다! 미리 준비해 두시면 유용하게 자주 쓸 수 있는 표현들입니다!!!"

초간편 기본회화!
Best Basic Conversation!

여행 스페인어 회화!
기본의 기본을 소개합니다.
6가지 기본 상황별로 정리했습니다!

대답할 때 자주
쓰는 표현들을
공부합니다!

예. (네.)
Sí.
씨

아니오.
No.
노

알겠습니다. / 그래요.
Vale.
발-레

맞습니까?
¿Cierto?
씨에-르또

① 대답하는 법!

맞아요. / 그렇습니다.
Cierto.
씨에-르또

저도 그렇게 생각합니다.
De acuerdo.
데 아꾸에-르도

좋은 생각입니다.
Buena idea.
부에-나 이데-아

가장 많이 쓰는 대답 표현들입니다.

초간편 기본회화!
Best Basic Conversation!

여행 스페인어 회화!
기본의 기본을 소개합니다.
6가지 기본 상황별로 정리했습니다!

다양한 인사법들
을 연습해 보겠
습니다!

안녕하십니까? (아침)
Buenos días.
부에-노스 디-아스

안녕하십니까? (낮)
Buenas tardes.
부에-나스 따-르데스

안녕하십니까? (저녁)
Buenas noches.
부에-나스 노-체스

안녕히 주무세요.
Que duerma bien.
께 두에-르마 비엔

❷ 인사할 때!

안녕히 계세요. (가세요)
Adiós.
아디오-스

또 만납시다!
Hasta la vista.
아-쓰딸 라 비-스따

즐거운 주말되세요!
Buen fin de semana.
부엔 휜 데 세마-나

즐거운 하루 되세요!
Que tenga buen día.
께 뗑가 부엔 디-아

인사할 때는 언제나 웃는 얼굴로 하셔야 해요~!

초간편 기본회화!
Best Basic Conversation!

여행 스페인어 회화!
기본의 기본을 소개합니다.
6가지 기본 상황별로 정리했습니다!

자기를 소개할 때
쓸 수 있는 기본
표현들입니다!

안녕하세요.
Hola.
올라

- -

처음 뵙겠습니다.
Mucho gusto.
무-초 구-스또

- -

어떻게 지내십니까?
¿Cómo está?
꼬-모 에스따-

- -

저도 잘 지내고 있어요.
Bien.
비엔

❸ 자기소개!

만나서 반갑습니다.
Me alegro de verle.
메 알레-그로 데 베-를레

저는 한국 사람입니다.
Soy coreano / a.
소이 꼬레아-노/나

내 이름은 ~입니다.
Me llamo ～.
메 이야-모

당신의 이름은?
¿Cómo se llama?
꼬-모 세 이야-마

이 정도로만 설명해도 당신은 이미 성공입니다!

초간편 기본회화!
Best Basic Conversation!

여행 스페인어 회화!
기본의 기본을 소개합니다.
6가지 기본 상황별로 정리했습니다!

부탁하실 일이 있
으면 주저하지 말
고 말씀하세요!

무엇을 도와드릴까요?
¿Para qué sirvo yo?
빠라 께 시-르보 요

- -

좀 도와주세요.
¿Puede ayudarme?
뿌에-데 아유다-르메

- -

실례합니다만, 말씀 좀 여쭙겠
습니다.
**Perdóneme, pero
tengo una pregunta.**
뻬르도-네메 뻬로
뗑고 우나 쁘레군-따

④ 부탁할 때!

저를 좀 도와 주십시오.
Ayúdeme, por favor.
아유-데메 뽀-르 화보-르

이 일을 해주시기를 바랍니다.
Espero que resuelva este asunto.
에스뻬-로 께 레수엘-바 에-스떼 아순-또

물론이지요.
Con mucho gusto.
꼰 무-초 구-스또

좀더 천천히 말씀해 주십시오.
Hable más despacio, por favor.
아-블레 마-스 데스빠-씨오 뽀-르 화보-르

도움이 필요하십니까? 이렇게 말씀하십시오~!

초간편 기본회화!
Best Basic Conversation!

여행 스페인어 회화!
기본의 기본을 소개합니다.
6가지 기본 상황별로 정리했습니다!

도움을 받았다면
반드시 감사의
인사를 전합니다.

감사합니다.
Gracias.
그라-씨아스

전화해 주셔서 감사합니다.
Gracias por su llamada.
그라-씨아스 뽀-르 수 이야마-다

고맙습니다.
Muchas gracias.
무-차스 그라-씨아스

⑤ 감사의 인사!

보살펴주셔서 감사합니다.
Gracias por atenderme.
그라-씨아스 뽀-르 아뗀데-르메

아주 많은 도움 감사합니다.
Gracias por su gran ayuda.
그라-씨아스 뽀-르 수 그란- 아유-다

천만에요.
De nada.
데 나-다

별 말씀을요.
No hay de qué.
노 아이 데 께

감사의 인사, 정중하면 할수록 더욱 좋습니다~!

초간편 기본회화!
Best Basic Conversation!

여행 스페인어 회화!
기본의 기본을 소개합니다.
6가지 기본 상황별로 정리했습니다!

날씨와 시간에 대해 이야기 하는 방법들입니다!

OK!

오늘 날씨가 어떻습니까?
¿Qué tiempo hace hoy?
께 띠엠-뽀 아쎄 오이

좋은 날씨군요.
¿Hace buen tiempo, no?
아-쎄 부엔 띠엠-뽀 노

날씨가 덥군요. (춥군요)
¡Qué calor (frío)!
께 깔로-르 (후리-오)

6 날씨|시간|요일

비가 올 것 같습니다.
Parece que va a llover.
빠레-쎄 께 바 아 요베-르

지금 몇 시입니까?
¿Qué hora es?
께 오-라 에스

오늘은 무슨 요일입니까?
¿Qué día es hoy?
께 디-아 에스 오이

오늘 며칠입니까?
¿A cuántos estamos hoy?
아 꾸안-또쓰 에스따-모스 오이

요일과 날짜를 물을 때 쓰는 방법도 기억해 둡니다.

잠깐!! 스페인 여행정보!

✚ **스페인에 대한 일반적인 상식!**

ⓐ **스페인의 정식 명칭 :** 스페인 (**España**)

ⓑ **스페인의 인구 :** 약 3,950만 명

ⓒ **스페인의 종교 :** 카톨릭교

ⓓ **스페인의 언어 :** 스페인어

ⓔ **스페인의 화폐 : EURO** (유로)

ⓕ **기타 스페인 정보:**

　　시차 : 8시간 (서머타임 실시 기간에는 7시간)

　　전압 : 220V (지방이나 오래된 건물에서는
　　　　　　　 125V를 사용하는 곳도 있음)

1. 출발전 준비!

해외여행에 앞서 반드시 준비되어야 할 것들이 있습니다. 우선 기본적으로 갖추어야 할 것으로 ❶ 여권, ❷ 비자, ❸ 각종 증명서 발급, ❹ 항공권, ❺ 환전 및 여행자 보험 가입, ❻ 여행정보수집 등을 들 수 있습니다.

❶ 여권의 준비!

● **여권의 종류** : 여권은 '대한민국 국민임을 증명하는 증명서' 입니다. 외국에서의 안전을 보장해 주는 신분증이기에 가장 중요한 준비물입니다. 여권의 종류는 관용여권과 일반여권으로 나뉘며, 여행자들이 받게되는 일반여권은 유효기간에 따라 복수여권(5년), 단수여권(1년)으로 나뉩니다. 복수여권은 5년간 사용횟수에 제한이 없기 때문에 일반적으로 많이 신청합니다.

비자 | 각종 증명서!

● **여권의 신청 :** 여권은 시, 구청 여권과에서 발급하며, 보통 2~3일 소요됩니다. (지방 시, 군청은 7~10일 소요) 여권 신청서류는 ⓐ 여권발급 신청서, ⓑ 주민등록등본 1통, ⓒ 주민등록증이나 운전면허증, ⓓ 여권용 사진 2매, ⓔ 병역서류 (국외여행허가서), ⓕ 발급비(복수여권 : 45,000원, 단수여권 : 15,000원) 등 입니다.

 ## ❷ 비자의 준비!

비자(VISA)는 '입국사증', 즉 '입국을 허락하는 증명서' 로서 스페인대사관에서 받을 수 있습니다. (서울시 용산구 한남동 726-52 ☎ 02-793-5703)

비자 신청 서류는 ⓐ **여권 (유효기간 6개월 이상의 것),** ⓑ **비자신청서,** ⓒ **여권사진 1장,** ⓓ **주민등록증 사본,** ⓔ **수수료** 등 입니다.

그러나 스페인을 비롯한 유럽의 대부분의 나라들은 우리나라와 비자 면제 협정을 체결하고 있으므로 90일 이내의 관광에 한해서는 여권만 있으면 입국이 가능합니다.

❸ 각종 증명서!

ⓐ **국제학생증 :** 국제학생여행연맹이 발급하는 전세계 어디에서나 통용되는 학생증입니다. 신청서류는 학생증 사본, 반명함판 사진 1매, 신청서, 수수료이며, 발급장소는 국제학생여행사(☎ 02-733-9494)이고, 발급후 1년간 유효합니다. http://www.isic.co.kr

ⓑ **유스호스텔회원증** : 여행자를 위한 숙소인 세계 각국의 유스호스텔을 사용할 수 있는 회원증입니다. 신청서류는 회원신청서 1부이며, 발급장소는 한국유스호스텔연맹(02-725-3031)이나 각 지방 유스호스텔 연맹에서 신청 가능합니다.
http://www.kyha.or.kr

ⓒ **국제운전면허증** : 여행지에서 직접 운전을 하실 분이라면 반드시 챙겨가야 하는 것이 운전 면허증입니다. 신청은 관할 운전면허시험장에서 하며, 신청서류는 여권, 운전면허증, 주민등록증, 사진1매, 수수료(5,000원)입니다.

✚ 그밖의 여행준비물!

그밖에 필요한 여행준비물들로는 먼저 ⓐ 옷가지(해당지역의 기후에 맞게 2~3벌), 우비 또는 우산, 양말, 속옷(3~4벌)이 필수적이며, 비지니스맨이라면 색상이 다른 와이셔츠와 넥타이 세벌씩은 기본입니다. ⓑ 위생용구(수건, 세면도구, 화장품, 비상약품 - 감기약, 소화제, 정로환, 반창고, 붕대, 파스, 생리용품)가 필요할 것이며, 그리고 ⓒ 작은 배낭, 전대, 맥가이버칼, 간단한 인스턴트 식품류 2~3일분, 소형 계산기, 카메라, 필름 등을 준비하면 됩니다.

① 항공권의 예약!

❶ 스페인항공입니다. 말씀하십시오.

❷ 바르셀로나행 비행기편에 좌석이 있습니까?

❸ 바르셀로나행 항공편을 예약하고 싶습니다.

❹ 언제 떠나실 예정이죠?

❺ 이번 금요일이요.

❻ 목요일 오후에 출발하는 비행기가 있나요?

❼ 왕복 티켓료는 얼마입니까?

❽ 이코노미 클래스(2등석)로 주십시오.

1 **Spainair, dígame.**
스페인에어 디-가메

2 **¿Hay plazas disponible en el vuelo para Barcelona?**
아이 쁠라-싸스 디스뽀니-블레 엔 엘 부엘-로 빠라 바르쎌로-나

3 **Quiero reservar el vuelo para Barcelona.**
끼에-로 레세르바-르 엘 부엘-로 빠라 바르쎌로-나

4 **¿En qué día va a salir?**
엔 께 디-아 바 아 살리-르

5 **Este viernes.**
에스떼 비에-르네스

6 **¿Hay un vuelo que va el jueves por la tarde?**
아이 운 부엘-로 께 바 엘 후에-베쓰 뽀-르 라 따-르데

7 **¿Cuánto vale el de ida y vuelta?**
꾸안-또 발레 엘 데 이-다 이 부엘-따

8 **Quiero en clase económica.**
끼에-로 엔 끌라-세 에꼬노-미까

❶ 스페인항공입니다. 말씀하십시오.

❷ 항공권 예약 재확인을 하고 싶습니다.

❸ 이 예약을 취소해주십시오.

❹ 예약을 변경하고 싶습니다.

❺ 성함과 비행기 번호를 말씀해 주십시오.

❻ 제 이름은 김철수입니다.

❼ 다른 항공회사편을 알아봐 주십시오.

❽ 가능한 한 빠른 비행기편을 예약해
주십시오.

1 **Spainair, dígame.**
스페인에어 디-가메

2 **Deseo reconfirmar la reservación del vuelo.**
데세오 레꼰휘르마-를 라 레세르바씨온-델 부엘-로

3 **Por favor, anule la reservación de este vuelo.**
뽀-르 화보-르 아눌-렐 라 레세르바씨온-데 에스떼 부엘-로

4 **Deseo cambiar la reservación.**
데세-오 깜비아-르 라 레세르바씨온-

5 **Deme su nombre y el número del vuelo.**
데-메 수 놈-브레 이 엘 누-메로 델 부엘-로

6 **Mi nombre es Chulsu Kim.**
미 놈-브레 에스 철수 김

7 **Hágame el favor de ver los vuelos de salida de otras líneas.**
아-가메 엘 화보-르 데 베-르 로스 부엘-로스 데
살리-다 데 오-뜨라스 리-네아스

8 **Por favor, quisiera tomar el vuelo más rápido posible.**
뽀-르 화보-르 끼씨에-라 또마-르 엘 부엘로 마스
라-삐도 뽀씨-블레

항공권 관련 단어

➡ 항공권 예매관련 단어표현

여행사 **la agencia de viajes**
라 아헨-씨아 데 비아-헤스

항공권 **el billete** 엘 비이에-떼

예약 **la reservación** 라 레세르바씨온-

확인 **la confirmación** 라 꼰휘르마씨온-

재확인 **la reconfirmación** 라 레꼰휘르마씨온-

취소 **la cancelación** 라 깐쎌라씨온-

정기편 **la línea regular**
라 리-네아 레굴라-르

탑승권 **la tarjeta de embarque**
라 따르헤-따 데 엠바-르께

운임 **la tarifa** 라 따리-화

항공편명 **el nombre del vuelo**
엘 놈-브레 델 부엘-로

연락처 **el punto de información**
엘 뿐-또 데 인포르마씨온-

수속 **el procesamiento**
엘 쁘로쎄사미엔-또

카트 **el carrito** 엘 까리-또

대한항공 **Korean Air (Línea aérea coreana)**
코리안 에어

아시아나항공 **Asiana (Asiana)** 아시아나

스페인항공 **Spainair (Línea aérea española)**
스페인에어

2. 출국수속!

 ❶ 출국준비의 순서!

공항에서의 출국수속은 크게 다음과 같이 진행됩니다. 공항에 도착하시면 다음과 같은 순서로 출국수속을 밟으세요.

❶ 병무신고(남자 : 공항병무신고 사무소 3층 A카운터에서 확인필증 교부), **❷** 항공사 체크인(자신이 이용할 항공사 카운터로 이동해서 비행기 좌석번호와 수하물표를 받음), **❸** 관광진흥기금 구입(10,000원, 자동판매기 이용) 및 환전(공항 환전소나 공항내 면세점 구역 환전소 이용), **❹** 출입국신고서 작성(출국심사대 앞에 비치되어 있음), **❺** 비행기 탑승수속, **❻** 세관신고(고가품은 신고필증(**custom stamp**)을 교부

받도록 함), ❼ 보안검색(금속탐지문 통과), ❽ 출국심사 (탑승권, 여권, 출입국신고서를 제출하면 심사관이 확인한 후 날인과 함께 출입국신고서의 한쪽을 절취해 여권에 부착해 줌), ❾ 탑승 게이트로 이동, ❿ 탑승의 순서로 임하시면 되겠습니다.

공항에는 최소한 2~3시간 전에 도착하도록 하며, 비행기 출발 30분 전에는 탑승게이트 대기실에 도착해 있어야 합니다.

❷ 인천국제공항 상식

ⓐ **공항까지의 교통편 :** 국제선 이용 승객은 인천국제공항을 이용합니다. 인천국제공항까지는 인천국제공항 전용고속도로 (40.2km)를 이용합니다. 서울에서 인천공항까지의 이동 방법 으로는 리무진 버스(서울역-인천국제공항간 75분 소요), 택시(60분 소요), 지하철(5호선 방화역, 김포공항에서 리무진 버스로 환승)을 이용하실 수 있습니다. 운송화물을 미리 보낼 경우, 김포 도심 터미널이나 삼성동 서울 도심공항 터미널을 이용하시면 공항 이용료가 할인됩니다.

> 인천국제공항 : **www.airport.or.kr**
> 서울 도심공항터미널 : **www.kcat.co.kr**

ⓑ **공항 면세점 :** 출국심사를 마치고 탑승게이트 쪽으로 들어서면 공항 면세점이 중앙에 있습니다. 선물(시계, 화장품, 향수, 민속상품, 기념품)이나 기호품(담배, 술, 초콜릿, 문구류, 필름)을 할인된 가격으로 살 수 있습니다.

❸ 공항에서 할 일!

ⓐ **병무신고** : 만 18세 이상 30세까지의 병역미필자는 인천국제공항 청사 3층에 있는 병무신고소에 거주지 동사무소로부터 발급 받은 신고필증을 제출하고, 확인필증을 교부받으면 됩니다.

ⓑ **항공사 데스크에서의 보딩패스** : 항공사 데스크로 가서 여권, 항공권을 제시하면 비행기내 좌석번호를 받게 됩니다. 그리고 탁송할 화물들을 계근대 위에 올려 놓으면 항공사 직원은 확인 후 수하물표(claim tag)를 가방에 달아 주고 화물의 인환증을 항공표 뒷면에 붙여 줄 것입니다. 이때 인환증의 갯수와 행선지 표시를 반드시 확인해 만약 화물이 분실되었을 경우를 대비해야 합니다.

ⓒ **출국수속** : 공항이용권을 내고 출국심사장으로 들어가면 곧바로 세관을 통과하게 되고 출국심사대 앞에 서게 되는데, 이때에 여권, 항공권, 출국신고서를 심사대 직원에게 제출하면 됩니다. 직원은 여권의 유효관계를 확인하고 출국심사확인표를 여권에 붙여 줍니다.

✚ 관광진흥기금 구입과 출입국신고서 작성

'관광진흥기금'은 각 데스크 근처의 자동판매기에서 살 수 있으며 가격은 10,000원입니다. (이것을 출국수속장 입구에 내시면 됩니다) 그리고 출입국신고서는 탑승수속 카운터 앞쪽에 마련된 테이블에 비치되어 있는 출입국신고서(**E/D Card**) 양식에 작성하면 됩니다. 양식은 한글, 한자, 알파벳으로 작성합니다.

❶ 비행기표를 보여 주시겠습니까?

❷ 여기 있습니다.

❸ 통로측 좌석을 원합니다.

❹ 네, 여기 있습니다. 좌석번호는 A-20입니다.

❺ KAL카운터로 이 짐을 운반해 주세요.

❻ 짐이 있습니까?

❼ 있습니다.

❽ 없습니다.

❾ 짐은 전부 3개입니다.

❶ **Deme su boleto, por favor.**
데-메 수 볼레-또 뽀르 화보-르

❷ **Aquí está.**
아끼- 에스따-

❸ **Quiero un asiento en el pasillo.**
끼에로 운 아시엔-또 엔 엘 빠시-이요

❹ **Vale, aquí está. Asiento A-20.**
발-레 아끼- 에스따-/ 아시엔-또 아 베-인떼

❺ **Lleve estas maletas al mostrador del Korean Air.**
이예-베 에-스따스 말레-따스 알 모스뜨라도-르
델 코리언 에어

❻ **¿Tiene algunas maletas?**
띠에-네 알구-나스 말레-따스

❼ **Sí, las tengo.**
씨 라스 뗑-고

❽ **No, no las tengo.**
노 노 라스 뗑-고

❾ **Son 3 bultos en total.**
손 뜨레스 불-또스 엔 또딸-

❷ 보딩패스! 2.

❿ 탑승 수속은 어디에서 합니까?

⓫ 5번 게이트는 어딥니까?

⓬ 공항 이용료는 얼마입니까?

⓭ 탑승 시간은 언제입니까?

⓮ 면세점은 어디에 있습니까?

⓯ 저쪽에 있습니다.

탑승권 : **la tarjeta de embarque**

(라 따르헤-따 데 엠바-르께)

여권 : **el pasaporte** (엘 빠사뽀-르떼)

앗! 단어장!

❿ ¿Dónde está la puerta de embarque?
돈-데 에스따- 라 뿌에-르따 데 엠바-르께

⓫ ¿Dónde está la puerta número cinco?
돈-데 에스따- 라 뿌에-르따 누-메로 씽꼬

⓬ ¿Cuánto es el impuesto del aeropuerto?
꾸안-또 에스 엘 임뿌에-스또 델 아에로뿌에-르또

⓭ ¿A qué hora embarcamos?
아 께 오라 엠바르까-모스

⓮ ¿Dónde está la tienda libre de impuestos?
돈-데 에스따- 라 띠엔-다 리-브레 데 임뿌에-스또스

⓯ Allí está.
아이- 에스따-

공항세 : **las tasas del aeropuerto**
(라스 따-사스 델 아에로뿌에-르또)

좌석번호 : **el número del asiento**
(엘 누-메로 델 아시엔-또)

앗! 단어장!

탑승 관련 단어

➡ 공항 관련 단어표현

한국어	스페인어	발음
공항	**el aeropuerto**	엘 아에로뿌에-르또
국제공항	**el aeropuerto internacional**	
		엘 아에로뿌에-르또 인떼르나씨오날-
국제선	**la línea internacional**	
		라 리-네아 인떼르나씨오날-
국내선	**la línea doméstica**	
		라 리-네아 도메-스띠까
안내소	**la oficina de información**	
		라 오휘씨-나 데 인포르마씨온-
입국수속	**la formalidad de entrada**	
		라 호르말리닫- 데 엔뜨라-다
검역소	**la cuarentena**	라 꽈렌떼-나
검역증명서	**el certificado de cuarentena**	
		엘 쎄르띠휘까-도 데 꽈렌떼-나
세관	**la aduana**	라 아두아-나
탁송화물	**el equipaje facturado**	
		엘 에끼빠-헤 확뚜라-도
탑승구	**la puerta de embarque**	
		라 뿌에-르따 데 엠바-르께
대합실	**la sala de espera**	
		라 살라 데 에스뻬-라
출국수속	**la formalidad de salida**	
		라 호르말리닫- 데 살리-다

3. 출발! 기내에서

❶ 기내의 안전수칙!

ⓐ **지정좌석** : 기내에서는 지정된 좌석에 앉아야 합니다. 짐은 머리 위쪽의 선반에 넣습니다. 안전을 위해 무거운 짐은 다리 아래 놓습니다. 승무원의 지시에 따라 이착륙시에는 좌석에 앉고, 반드시 안전밸트를 착용합니다. 좌석상단의 메시지 램프에는 안전고도에서 정상운행 중일지라도 기류에 따라 경고등이 표시되곤 합니다. 이때 **'No Smoking'**은 '금연'을, **'Fasten Seat Belt'**는 '안전벨트를 매시오' 라는 뜻입니다.

ⓑ **좌석의 조정** : 비행기의 좌석은 뒤로 젖힐 수 있게 되어있어 장거리 여행시에는 뒤로 눕혀 잠을 잘 수도 있습니다. 그러나 이착륙시나 식사 때는 의자를 바로 세워 정위치로 만듭

기내에서의 상식!

니다. 눕힐 때는 뒷좌석의 손님에게 양해를 구하거나 천천히 젖히는 것이 바람직합니다. 자리가 불편할 경우 승무원에게 부탁하면 다른 자리로 옮길 수 있습니다.

ⓒ **안전사항** : 비행기 멀미를 하시는 분이라면 좌석 앞주머니에 준비되어 있는 구토용 봉지를 사용하시거나, 호출버튼을 눌러 스튜어디스에게 찬음료나 진정제 등을 부탁할 수 있습니다. 그리고 기내 주요 유의사항으로는 비행기 안전운항에 장애가 될 수 있기 때문에 모든 전자제품의 사용을 금하는 것과 다른 승객에게 불편이 될 수 있기 때문에 기내에서는 금연이라는 것, 그리고 흉기의 기내 반입은 절대 금지되고 있음을 기억해 주십시오.

 ❷ 기내의 식사!

기내식으로 제공되는 것으로는 식사, 차, 주류 및 청량음료 등이 있습니다. 좌석의 등급별로 식사는 다르게 나오며, 본인이 못 먹는 음식은 피할 수도 있습니다. (채식식단과 육식식단이 함께 준비되기 때문에 선택적으로 주문이 가능합니다.) 기내식은 통상 이륙 후 3~4시간 후에 서비스됩니다. 음료는 식사 때가 아니더라도 필요하면 언제라도 주문이 가능하며, 기내에서는 탄산음료 보다는 물이나 과일 주스류가 좋습니다. 주류는 제한된 양이지만 맥주 한두 캔이나 와인 한두 잔은 무료로 서비스됩니다. 그러나 기내에서의 음주는 기압과 안전을 고려해 평소 주량의 1/3 정도만 드시는 것이 좋습니다.

 ❸ 기내의 서비스들!

기내에서는 좌석의 팔걸이에 장치된 다이얼과 좌석 주머니의 이어폰을 사용하여 영화와 함께 스포츠 방송을 볼 수 있고,

팝송, 컨트리송, 가요, 클래식 등 장르별로 음악을 즐길 수도 있습니다. 영화나 방송의 내용 그리고 음향이나 채널의 안내는 앞에 비치된 안내책자를 참고하십시오. 그밖에 스페인의 신문, 잡지 및 트럼프, 바둑 등의 오락기구도 구비되어 있어서 필요할 때 승무원에게 요구하시면 됩니다. 이들 오락기구는 대부분 승객들에게 서비스 되는 것들로 기념품으로 가져가도 됩니다. (단, 헤드폰과 담요는 반납해야 함)

❹ 기내의 면세쇼핑!

기내에서는 양주, 담배, 향수, 시계, 화장품, 스카프, 완구 등의 기호품과 선물용품들이 면세된 가격으로 판매됩니다. 세계적으로 유명한 제품들이 선정되어 구비되어 있으며, 주문과 배달도 가능합니다. 쇼핑 품목 및 수량은 스페인의 반입 허용량을 고려하여 구입하도록 합니다. 보통 담배 200개비, 와인 2리터, 향수 50g 정도가 면세 한도입니다.

✚ 기내화장실 상식!

기내 화장실은 남녀 공용입니다. 화장실의 현재 사용 상태는 벽면의 표시등으로 표시됩니다. 사용중이면 **'Occupied'**, 비어 있을 때는 **'Vacant'**라는 표시등에 불이 켜집니다. 화장실로 들어 갈때는 문을 밀어서 열고, 나올 때는 잡아 당겨서 문을 엽니다. 화장실의 사용법은 일반 수세식변기 사용과 같으며, 사용한 휴지는 쓰레기통에 버려야 합니다. 이착륙시 또는 이상 기류로 기체가 흔들릴 때는 **'Return to seat'**(좌석으로 돌아가라)라는 표시등이 켜지게 됩니다. 이럴 땐 서둘러 자리로 돌아가도록 합니다. 그리고 화장실도 금연구역이므로 반드시 지키도록 합니다.

Toilet

① 기내 입구에서!

❶ 탑승권을 보여 주시겠습니까?

❷ 여기 있습니다.

❸ 손님 좌석은 30-B입니다.

❹ 고맙습니다.

❺ 실례합니다. 제 자리는 12-D입니다.

❻ 좌석 12-D는 어디입니까?

❼ 손님 좌석은 저쪽 통로 쪽입니다.

❽ 이 좌석이 어디입니까?

❾ 이쪽으로 오십시오.

3. 출발! -기내에서-

3

❶ Su boleto, por favor.
수 볼레-또 뽀-르 화보-르

❷ Aquí está.
아끼- 에스따-

❸ Su asiento es el 30-B.
수 아시엔-또 에스 엘 뜨레-인따 베

❹ Gracias.
그라-씨아스

❺ Perdóneme, pero mi asiento es el 12-D.
뻬르도-네메 뻬로 미 아시엔-또 에스 엘 도-쎄 데

❻ ¿Dónde está el 12-D?
돈-데 에스따- 엘 도-쎄 데

❼ Su asiento está allí, en el pasillo.
수 아시엔-또 에스따- 아이- 엔 엘 빠시-요

❽ ¿Dónde está mi asiento?
돈-데 에스따- 미 아시엔-또

❾ Venga por aquí, por favor.
벵-가 뽀-르 아끼- 뽀-르 화보-르

❷ 기내 좌석에서!

❶ 자리 좀 바꾸어 주실 수 있습니까?

❷ 네, 뒤쪽에 빈자리가 많이 있습니다.

❸ 통로쪽 자리였으면 좋겠습니다.

❹ 잠깐 지나가도 될까요?

❺ 이 자리에 앉아도 되겠습니까?

❻ 죄송합니다만, 여긴 제자리 같습니다.

❼ 좌석을 제 위치로 해 주십시오.

❽ 의자를 뒤로 젖혀도 되겠습니까?

❶ **¿Puede usted cambiarme el asiento?**
뿌에-데 우스떼-드 깜비아-르메 엘 아시엔-또

❷ **¿Por qué no? Allí en la parte trasera hay varios asientos libres.**
뽀르 께- 노 아이- 엔 라 빠-르떼 뜨라세-라 아이
바-리오스 아시엔-또스 리-브레스

❸ **Prefiero un asiento en el pasillo.**
쁘레휘에-로 운 아시엔-또 엔 엘 빠시-요

❹ **Perdón, ¿puedo pasar?**
뻬르돈- 뿌에-도 빠사-르

❺ **¿Podría sentarme aquí?**
뽀드리-아 센따-르메 아끼-

❻ **Perdone, pero este asiento es el mío.**
뻬르도-네 뻬로 에스떼 아시엔-또 에스 엘 미-오

❼ **Por favor, coloque su asiento en posición vertical.**
뽀-르 화보-르 꼴로-께 수 아시엔-또 엔 뽀시씨온-
베르띠깔-

❽ **Perdone, ¿puedo reclinar mi asiento?**
뻬르도-네 뿌에-도 레끌리나-르 미 아시엔-또

❸ 기내식의 주문!

❶ 닭고기 또는 쇠고기를 드시겠습니까?

❷ 쇠고기요리로 주세요.

❸ 녹차와 홍차 중 어떤 것을 드릴까요?

❹ 홍차로 주세요.

❺ 물을 좀 주세요.

❻ 오렌지 주스로 주십시오.

❼ 손님, 식사 다 하셨습니까?

❽ 네, 잘 먹었습니다.

❾ 고맙습니다.

❶ ¿Prefiere usted pollo o carne de vaca?
쁘레휘에-레 우스떼-드 뽀-요 오 까-르네 데 바까

❷ Prefiero la carne de vaca.
쁘레휘에-로 라 까-르네 데 바까

❸ ¿Quiere té verde o té rojo?
끼에-레 떼 베-르데 오 떼 로-호

❹ Quiero té rojo.
끼에-로 떼 로-호

❺ Agua, por favor.
아-구아 뽀-르 화보-르

❻ Zumo de naranja, por favor.
수-모 데 나랑-하 뽀-르 화보-르

❼ ¿Ha terminado?
아 떼르미나-도

❽ Sí, he terminado.
씨 에 떼르미나-도

❾ Gracias.
그라-씨아스

④ 기내에서의 쇼핑!

❶ 기내에서 면세품을 팝니까?

❷ 만년필 있습니까?

❸ 있습니다.

❹ 두 개에 얼마입니까?

❺ 여성용 화장품이 있습니까?

❻ 위스키 2병 주세요.

❼ 담배 있습니까?

❽ 한 보루 주세요.

❾ 한국돈으로 지불해도 됩니까?

❶ ¿Se venden en el vuelo los artículos libres de impuestos?
세 벤-데 엔 엘 부엘-로 로스 아르띠-꿀로스 리-브레스 데 임뿌에-스또스

❷ ¿Tiene una estilográfica?
띠에-네 우나 에스띨로그라-휘까

❸ Sí, la tengo.
씨 라 뗑고

❹ ¿Cuánto es por dos estilográficas?
꾸안-또 에스 뽀-르 도스 에스띨로그라-휘까스

❺ ¿Tienen cosméticos femeninos?
띠에-넨 꼬스메-띠꼬스 훼메니-노스

❻ Deme dos botellas de Wihsky.
데-메 도스 보떼-이야스 데 위스끼

❼ ¿Tiene cigarrillos?
띠에-네 씨가리-이요스

❽ Deme un cartón.
데-메 운 까르똥-

❾ ¿Puedo pagar con moneda coreana?
뿌에-도 빠가-르 꼰 모네-다 꼬레아-나

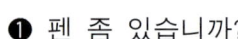

❺ 신고서의 작성!

❶ 펜 좀 있습니까?

❷ 그럼요. 여기 있습니다.

❸ 제 입국서 좀 봐주시겠습니까?

❹ 어떻게 기재하는지 가르쳐 주십시오.

❺ 여기에 무엇을 써야 됩니까?

❻ 입국신고서를 한 장 더 얻을 수 있을까요?

❼ 제가 좀 틀리게 썼습니다.

여권 : **el pasaporte** (엘 빠사뽀-르떼)

탑승권 : **la tarjeta de embarque**

(라 따르헤-따 데 엠바-르께)

앗! 단어장!

❶ **¿Tiene usted pluma?**
띠에-네 우스떼-드 쁠루-마

❷ **Sí, aquí está.**
씨 아끼- 에스따-

❸ **¿Puede usted revisar mi hoja de entrada?**
뿌에-데 우스떼-드 레비사-르 미 오-하 데 엔뜨라-다

❹ **Indíqueme cómo llenar esta hoja.**
인디-께메 꼬-모 이예나-르 에스따 오-하

❺ **¿Qué tengo que escribir aquí?**
께 뗑-고 께 에스끄리비-르 아끼-

❻ **Por favor, tráigame una hoja más.**
뽀-르 화보-르 뜨라-이가메 우나 오-하 마-쓰

❼ **Me equivoqué al rellenarla.**
메 에끼보께- 알 레이예나-를라

좌석번호 : **el número del asiento**
(엘 누-메로 델 아시엔-또)

통로측 좌석 : **el asiento del pasillo**
(엘 아시엔-또 델 빠시-이요)

앗! 단어장!

❻ 경유와 환승시!

❶ 여기에서 얼마나 체류하게 되나요?

❷ 약 1시간 정도입니다.

❸ 당신은 통과 여객이십니까?

❹ 얼마나 기다려야 합니까?

❺ 대합실에 면세점이 있습니까?

❻ 저는 ~로 가는편으로 갈아타려 합니다.

❼ 내가 탈 항공편의 확인은 어디에서 합니까?

3. 출발! -기내에서-

3

❶ **¿Por cuánto tiempo estaremos aquí?**
뽀-르 꾸안-또 띠엠-뽀 에스따레-모스 아끼-

❷ **Más o menos una hora.**
마-쓰 오 메-노쓰 우나 오-라

❸ **¿Es usted viajero en tránsito?**
에스 우스떼-드 비아헤-로 엔 뜨란-시또

❹ **¿Por cuánto tiempo debemos esperar?**
뽀-르 꾸안-또 띠엠-뽀 데베-모스 에스뻬라-르

❺ **¿Hay tienda 'Duty-free' dentro de la sala de espera?**
아이 띠엔-다 두띠-후리 덴-뜨로 델 라 살-라 데 에스뻬-라

❻ **Soy un pasajero en tránsito, y me dirijo hacia ～.**
소-이 운 빠사헤-로 엔 뜨란-씨또 이 메 디리-호 아씨아 ～

❼ **¿En dónde puedo confirmar mi vuelo?**
엔 돈-데 뿌에-도 꼰휘르마-르 미 부엘-로

기내 관련 단어들!

➡ 기내용 단어표현

한국어	스페인어	발음
기장	el comandante	엘 꼬만단-떼
승무원	la tripulación	라 뜨리뿔라씨온-
여승무원	la azafata	라 아사화-따
객실	la cabina	라 까비-나
화물실	el compartimiento de carga	엘 꼼빠르띠미엔-또 데 까-르가
화장실	el aseo	엘 아세-오
이어폰	los auriculares	로스 아우리꿀라-레스
멀미주머니	la bolsa de mareo	라 볼-사 데 마레-오
구명동의	el chaleco salvavidas	엘 찰레-꼬 살바비-다스
기내선반	el compartimiento superior	엘 꼼빠르띠미엔-또 수뻬리오-르
독서등	la lámpara para leer	라 람-빠라 빠라 레에-르
안전벨트	el cinturón de seguridad	엘 씬뚜론- 데 세구리닫-
금연	Prohibido fumar	쁘로이비-도 후마-르

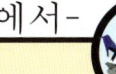

➡ 기내화장실 안내문구

비어 있음	**Vacío**	바씨-오
사용중	**Ocupado**	오꾸빠-도
콘센트	**la toma**	라 또-마
재떨이	**el cenicero**	엘 쎄니쎄-로

문을 잠그시오 **Cierre la puerta con llave**
씨에-레 라 뿌에-르따 꼰 이야-베

버튼을 누르시오 **Pulse el botón** 뿔-세 엘 보똔-

변기물을 내리시오 **Tire de la cadena**
띠-레 델 라 까데-나

➡ 경유 / 환승 관련 단어표현

비행기	**el vuelo**	엘 부엘-로
대합실	**la sala de espera**	
	라 살라 데 에스뻬-라	

입국신청서 **la tarjeta de desembarque**
라 따르헤-따 데 데셈바-르께

입국사증 **el visado de entrada**
엘 비사-도 데 엔뜨라-다

목적지 **el destino**
엘 데스띠-노

시차 **la diferencia en tiempo**
라 디훼렌-씨아 엔 띠엠-뽀

이륙	**el despegue**	엘 데스뻬-게
착륙	**el aterrizaje**	엘 아떼리사-헤
국제공항	**el aeropuerto internacional**	

엘 아에로뿌에-르또 인떼르나씨오날-

| 통과여객 | **el pasajero en tránsito** |

엘 빠사헤-로 엔 뜨란-시또

| 탑승 수속대 | **la puerta de embarque** |

라 뿌에-르따 데 엠바-르께

➕ 스페인 입국 상식!

기차나 버스, 배로 스페인을 입국할 때!!

유럽의 여러 나라들은 각국의 수많은 국제열차들이 국경을 넘나들고 있고 또 비자 없이 입국할 수 있으므로, EU 가맹국 간에는 국경 검문이 갈수록 간소화되어 가고 있습니다. 따라서 비행기가 아닌 기차나 버스, 배로 스페인을 입국할 때에는 국경 부근에서 입국절차가 이루어지는데 간단한 여권 검사로 입국 심사를 대신합니다. 국제 열차를 이용할 경우 파리나 취리히, 밀라노에서 마드리드나 바로셀로나로 들어가는 것이 일반적이며 소요시간은 대략 13시간 정도이고, 버스의 경우에는 국제 버스 유로라인이 유럽과 스페인의 주요 도시 간을 연결하고 있습니다. 또 영국에서 페리를 타고 배를 이용해서 스페인으로 입국하는 방법도 있습니다.

4. 목적지 도착!

❶ 입국절차 상식!

목적지의 공항에 도착해서 비행기에서 내리면 곧 입국절차를 밟게 됩니다. 입국절차는 출국과 반대의 순으로 진행됩니다. 즉 ⓐ 공항도착, ⓑ 'Arrival' 이라고 표시된 출구로 나갑니다, ⓒ 입국심사, ⓓ 수하물 찾기, ⓔ 세관검사, ⓕ 입국완료의 순으로 진행됩니다. 좀 더 세부적으로 소개하면 다음과 같습니다.

입국심사의 모든 것!

❷ 입국심사!

EU 가맹국 국민과 그 밖의 나라 국민으로 입국 심사대 (**Immigration**)가 구분이 되어 있으므로 우리나라 사람들은 후자의 입국심사대로 가서 심사원에게 여권과 입국 신고서를 제시하면 심사관리는 여권확인과 함께 스탬프를 찍고 입국카드 확인부분을 여권에 넣어 다시 돌려주는데, 이렇게 하면 입국심사가 완료됩니다. 보통 입국경위나 체재지, 체재기간 등을 우리나라 사람에게는 묻지 않아 심사절차가 간단하게 마무리 됩니다.

❸ 수하물 찾기!

입국심사를 마치면 '수하물 찾는곳' (**baggage claim area**)으로 갑니다. 찾을 짐이 많으면 짐수레(**cart**)를 준비해 탁송된 짐이 실려 나오는 콘베이어 앞에서 기다립니다. (비슷한 가방이 많기 때문에 이름을 반드시 확인할 것) 국제공항에는 수하물 찾는 곳이 여러 곳이므로, 본인이 이용했던 항공편 표시등 아래로 찾아가야만 착오가 없습니다. 수하물이 나오는 시간은 보통 30분 정도 걸리며, 착륙 비행기가 많을 경우에는 1시간 넘게 걸리는 때도 있습니다. 자신의 짐이 발견되면 수하물 인환증(**claim tag**)의 번호와 짐 번호를 확인하도록 하며, 만약 짐이 나오지 않을 경우에는 항공사 직원에게 협조를 구하도록 합니다. 분실신고는 화물도착 후 4시간 이내에 해야 합니다.

❹ 세관통관 상식!

짐을 찾으면 마지막 통관문인 세관검사대(**Customs**)로 갑니다. 신고 순서가 되기 전에 모든 짐의 자물쇠를 풀어 세관원이 쉽게 볼 수 있게 하며, 신고할 물건이 없으면 녹색 검사대를 이용하고, 신고할 물건이 있을 경우에는 붉은색 검사대 쪽으로 갑니다. 기내에서 작성한 세관 신고서와 여권을 세관원에게 제시하면 이를 토대로 짐을 조사합니다. 주로 검색하는 품목은 과세 대상품입니다. 그러므로 과세 대상품에 속하는 귀금속, 사치품, 고급 카메라 등은 정확하게 신고해야 합니다. 만약, 과세대상을 신고하지 않으면 압류당하거나 무거운 벌금을 내게 됩니다. 이렇게 하면 스페인 입국을 위한 모든 심사과정이 끝이 납니다.

✚ 입국카드 작성법!

입국카드는 기내에서 미리 작성해 두도록 합니다. 입국카드의 작성법은 반드시 볼펜으로 기입하며, 영문 대문자로 씁니다. 기록내용은 ① **성과 이름,** ② **생년월일,** ③ **성별,** ④ **여권번호,** ⑤ **국적,** ⑥ **스페인비자번호,** ⑦ **동행 사람수,** ⑧ **항공기 편명,** ⑨ **직업(해당란에 표시),** ⑩ **스페인내 체류지,** ⑪ **서명** 등을 각각 기입하면 됩니다.

① 입국심사대에서 1.

❶ 입국심사는 어디에서 합니까?

❷ 여권 좀 보여 주시겠습니까?

❸ 검역증명서를 보여주세요.

❹ 방문 목적은 무엇입니까?

❺ 여행 왔습니다.

❻ 사업차 왔습니다.

❼ 친척을 방문하러 왔습니다.

❽ 스페인 방문이 처음이십니까?

❾ 네, 이번이 처음입니다.

4

❶ **¿Dónde está inmigración?**
돈-데 에스따- 인미그라씨온-

❷ **Pasaporte, por favor.**
빠사뽀-르떼 뽀-르 화보-르

❸ **Muéstreme su certificado de cuarentena.**
무에-스뜨레메 수 쎄르띠휘까-도 데 꽈렌떼-나

❹ **¿Para qué viaja usted?**
빠라 께 비아-하 우스떼-드

❺ **Viajo por turismo.**
비아-호 뽀-르 뚜리-스모

❻ **Viajo por negocios.**
비아-호 뽀-르 네고-씨오스

❼ **Viajo para visitar a mi pariente.**
비아-호 빠라 비시따-르 아 미 빠리엔-떼

❽ **¿Es la primera vez que visita España?**
에슬 라 쁘리메-라 베쓰 께 비시-따 에스빠-냐

❾ **Sí, es la primera vez.**
씨 에슬 라 쁘리메-라 베쓰

❷ 입국심사대에서 2.

❿ 며칠 동안 체류하십니까?

⓫ 30일입니다.

⓬ 2주일 정도입니다.

⓭ 어디에 가십니까?

⓮ 바르셀로나입니다.

⓯ 바르셀로나 어디에서 머무르실 겁니까?

⓰ 인터내셔널호텔에 머물 예정입니다.

⓱ 돌아갈 항공권을 갖고 계십니까?

⓲ 여기 있습니다.

4

❿ ¿Por cuántos días estará aquí?
뽀-르 꾸안-또스 디-아스 에스따라- 아끼-

⓫ Por treinta días.
뽀-르 뜨레-인따 디-아스

⓬ Por unas dos semanas.
뽀-르 우-나스 도스 세마-나스

⓭ ¿A dónde va?
아 돈-데 바

⓮ A Barcelona.
아 바르쎌로-나

⓯ ¿Dónde se alojará usted en Barcelona?
돈-데 세 알로하라- 우스떼-드 엔 바르쎌로-나

⓰ Me alojaré en el Hotel Internacional.
메 알로하레- 엔 엘 호뗄- 인떼르나씨오날-

⓱ ¿Tiene el boleto de vuelta?
띠에-네 엘 볼레-또 데 부엘-따

⓲ Sí, aquí está.
씨 아끼- 에스따-

③ 수하물 찾기!

❶ 수하물 보관소는 어디입니까?

❷ 수하물 찾는 곳은 저쪽입니다.

❸ 갈색가방이 제 것입니다.

❹ 나머지를 찾을 수가 없습니다.

❺ 실례합니다만, 제 가방을 찾을 수 없습니다.

❻ 제 짐을 찾을 수 있게 도와주세요.

❼ 그러죠. 수하물 인환증 가지고 계시죠?

❶ ¿Dónde está la consigna?
돈-데 에스따-라 꼰시-그나

❷ Allí está la consigna.
아이- 에스따- 라 꼰시-그나

❸ La maleta marrón es la mía.
라 말레-따 마론- 에슬 라 미-아

❹ No puedo encontrar mis otras maletas.
노 뿌에-도 엥꼰뜨라-르 미스 오-뜨라스 말레-따스

❺ Perdón, pero no puedo encontrar mis maletas.
뻬르돈- 뻬로 노 뿌에-도 엥꼰뜨라-르 미스 말레-따스

❻ Ayúdeme, por favor, para buscar mis maletas.
아유-데메 뽀-르 화보-르 빠라 부스까-르 미스
말레-따스

❼ Con mucho gusto. ¿Tiene la etiqueta del equipaje?
꼰 무-초 구-스또 띠에-네 라 에띠께-따 델 에끼빠-헤

④ 세관 심사!

❶ 신고하실 것이 있습니까?

❷ 없습니다.

❸ 친구에게 줄 시계가 있습니다.

❹ 위스키 두 병을 갖고 있습니다.

❺ 이것들은 모두 개인 소지품입니다.

❻ 이 카메라는 내가 사용하는 것입니다.

❼ 이 가방 좀 열어 주시겠습니까?

❽ 세관으로 가 주십시오.

❾ 수화물 보관증을 발급하나요?

❶ ¿Tiene algo que declarar?
띠에-네 알고 께 데끌라라-르

❷ No, no lo tengo.
노 놀 로 뗑-고

❸ Tengo un reloj para regalar a uno de mis amigos.
뗑-고 운 렐로-호 빠라 레갈라-르 아 우노 데 미스 아미-고스

❹ Tengo dos botellas de Whisky.
뗑-고 도스 보떼-이야스 데 위스끼

❺ Todas estas son las necesidades diarias.
또-다스 에-스따스 손 라스 네쎄시다-데스 디아-리아스

❻ Ésta es la cámara que estoy usando.
에-스따 에슬 라 까-마라 께 에스또이 우산-도

❼ ¿Puede abrir esta maleta?
뿌에-데 아브리-르 에스따 말레-따

❽ Por favor, vaya a la aduana.
뽀-르 화보-르 바야 알 라 아두아-나

❾ ¿Me darán ustedes el recibo?
메 다란- 우스떼-데스 엘 레씨-보

⑤ 공항 여행안내소

❶ 유스호스텔이 있습니까?

❷ 방을 예약하고 싶습니다.

❸ 근처에 다른 호텔이 있습니까?

❹ 특급 호텔에 묵고 싶습니다.

❺ 호텔까지 어떻게 갑니까?

❻ 시내로 가는 버스가 있습니까?

❼ 버스 정류장은 어디 있습니까?

앗! 단어장!

안내소 : **la información**
(라 인포르마씨온-)

짐수레 : **el carrito** (엘 까리-또)

4

❶ ¿Hay algún albergue juvenil?
아이 알군- 알베-르게 후베닐-

❷ Quiero reservar un cuarto.
끼에-로 레세르바-르 운 꽈-르또

❸ ¿Hay otros hoteles cerca de aquí?
아이 오-뜨로스 오뗄-레스 쎄-르까 데 아끼-

❹ Quiero residir en un hotel de cinco estrellas.
끼에-로 레시디-르 엔 운 오뗄- 데 씽-꼬 에스뜨레-이야스

❺ ¿Cómo puedo ir al hotel?
꼬-모 뿌에-도 이르 알 오뗄-

❻ ¿Hay autobús para el centro?
아이 아우또부-스 빠라 엘 쎈-뜨로

❼ ¿Dónde está la parada de autobús?
돈-데 에스딸- 라 빠라-다 데 아우또부-스

앗! 단어장!

여행자 : **el viajero** (엘 비아헤-로)

관광 : **el turismo** (엘 뚜리-스모)

사업 : **el negocio** (엘 네고-씨오)

입국 관련 단어들!

➡ 입국 관련 단어표현

여행자	el viajero	엘 비아헤-로
관광	el turismo	엘 뚜리-스모
사업	el negocio	엘 네고-씨오
연수	la formación	라 호르마씨온-
회의	la conferencia	라 꼰훼렌-씨아
안내소	la información	라 인포르마씨온-
짐수레	el carrito	엘 까리-또
신고하다	declarar	데끌라라-르

일용품 las necesidades diarias
　　　　라스 네쎄시다-데스 디아-리아스

개인용품 los artículos privados
　　　　로스 아르띠-꿀로스 쁘리바-도스

선물	el regalo	엘 레갈-로
약	el medicamento	엘 메디까멘-또

반입금지 Prohibido traer
　　　　쁘로이비-도 뜨라에-르

면세품 el artículo libre de impuestos
　　　엘 아르띠-꿀로 리-브레 데 임뿌에-스또스

관세법 la ley de derechos de aduana
　　　라 레이 데 데레-초스 데 아두아-나

세관직원 el oficial de aduanas
　　　　라 오휘씨알- 데 아두아-나스

5. 호텔의 이용!

 ❶ 호텔의 예약!

요즘은 대부분 출발전 한국에서 호텔예약을 하거나 본인이 직접 인터넷으로 예약을 합니다. 때문에 호텔예약 확인증(바우쳐)을 받아서 가지고 나가면 숙소 문제는 미리 해결하고 갈 수 있습니다. 한국에서 호텔을 미리 예약할 경우, 현지 요금의 80~85% 정도로 저렴합니다. (대부분의 여행사나 인터넷 사이트를 이용하면 쉽게 찾을 수 있습니다.)

스페인 현지의 호텔을 정할 때 가장 중요한 사항은 교통이 편리한지, 식사가 제공되는지, 가격은 적당한지 등입니다. 예약시에는 원하는 방의 종류, 도착일, 숙박일수, 항공편 등

호텔은 이렇게 이용!

을 알려 주어야 하며, 현지에서 예약할 경우는 직접 전화를 하거나 여행 안내소에 예약을 부탁하면 됩니다. 숙박 시설이 풍부해서 미리 예약을 하지 않아도 되지만 관광 시즌에 좋은 숙소를 잡으려면 예약을 하는 것이 좋습니다.

❷ 스페인의 숙박 시설!

스페인 전역에 걸쳐 다양한 숙박 시설이 있습니다.

Hotel : 특색에 따라서 5등급으로 나뉘며 별의 개수로 등급을 표시합니다. 호텔은 레스토랑이 있는 것과 없는 것으로 구분이 되는데 후자의 경우를 Hotel Residencia라고 하며 레스토랑이 없는 대신에 카페나 바 등이 있으며 아침 식사와 룸서비스를 제공 받을 수 있습니다.

Hostal : 호텔과 비슷한 숙박시설로 보통 건물의 한 층 정도로 이루어져 있으며 별 1개에서 3개로 등급이 분류되어 집니다. 레스토랑이 없는 경우 Hostal Residencia라고 합니다.

Pensión : 지방에서 주로 볼 수 있는 숙박 시설로 우리나라의 여관이나 민박과 비슷하며 별 1~3개로 등급이 분류됩니다. 요즘도 저렴하고 서민들의 생활도 접할 수 있어서 스페인을 좀 더 깊이 알고자 하는 사람에게 적합한 숙박 시설입니다.

Casa de Huéspedes : 아주 저렴한 숙박 시설로 주로 지방에 있습니다.

Parador : 스페인에서만 볼 수 있는 아주 특별한 숙박 시설로 전국적으로 86개의 체인을 국가가 운영하고 있는데 대부분 옛 성이나 궁전, 수도원 등의 역사적인 건물을 개조하여 만들었으며 최상급 수준의 호텔 시설과 서비스를 제공합니다.

Albergue Juvenil : 유스 호스텔로서 다른 유럽 국가의 유스 호스텔에 비해 시설 및 위치가 그다지 좋은 편은 아닙니다.

Camping : 해변을 중심으로 캠핑장이 조성되어 있으며 전국적으로 약 800여 개의 캠핑장이 있습니다. 특성이나 시설에 따라 등급이 나누어지며 서비스에 따라서 요금도 달라집니다.

❸ 체크인!

체크인(**check in** : 숙박절차)은 프론트 데스크에서 합니다. 예약이 되어 있을 경우는 이름을 말하시고 예약확인서(바우쳐)를 제시하면 직원은 예약리스트 또는 예약카드를 조회한 후, 숙박신고서 기재를 요구할 것입니다. 숙박신고서에는 여권번호, 비자번호, 성명 등을 기입하도록 되어 있습니다. 체크인은 보통 14:00부터입니다.

❹ 체크아웃!

호텔의 숙박료는 하루, 즉 24시간 단위로 받습니다. 통상 정오에서 다음날 정오까지를 일박으로 계산하며, 이때가 이른바 체크아웃 타임(**check-out time**)입니다. 그 이상 호텔에 머물게 되면 숙박요금을 더 물게 됩니다. 요금을 지불하는 방식으로는 ⓐ 크레디트 카드와, ⓑ 현금으로 지불하는 방법 두 가지가 있습니다. 호텔계산서에는 숙박한 일수, 룸서비스를 이용해 드신 것의 요금, 식사대(호텔의 레스토랑 또는 바에서 사인한 청구서 등), 호텔에서 외부에 건 전화요금, 세탁료, 객실 냉장고에서 꺼내 마신 음료수 값 등이 계산됩니다.

① 체크인(예약시)

❶ 제 짐을 방까지 날라다 주세요.

❷ 예약했습니다.

❸ 제 이름은 이민수입니다.

❹ 서울에서 예약을 했습니다.

❺ 숙박부를 기재해 주십시오.

❻ 현금으로 지불하시겠습니까?

❼ 비자카드를 사용하겠습니다.

❽ 현금으로 하겠습니다.

❾ 당신 짐이 더 있습니까?

❶ **Lleve mis maletas a mi cuarto, por favor.**
이예-베 미스 말레-따스 아 미 꽈-르또 뽀-르 화보-르

❷ **La reservación fue hecha.**
라 레세르바씨온- 후에 에차

❸ **Mi nombre es Minsu Lee.**
미 놈-브레 에스 민수 리

❹ **La reserva fue hecha en Seúl.**
라 레세-르바 후에 에-차 엔 세울-

❺ **Llene la ficha, por favor.**
이예-네 라 휘-차 뽀-르 화보-르

❻ **¿Va a pagar al contado?**
바 아 빠가-르 알 꼰따-도

❼ **Voy a usar la tarjeta de crédito, VISA.**
보이 아 우사-르 라 따르헤-따 데 끄레-디또 비사

❽ **Voy a pagar en efectivo.**
보이 아 빠가-르 엔 에훼띠-보

❾ **¿Tiene otras maletas?**
띠에-네 오-뜨라스 말레-따스

❷ 체크인(미예약)

❶ 빈방이 있습니까?

❷ 예약은 못 했습니다.

❸ 1박에 얼마입니까?

❹ 요금은 아침식사 포함입니까?

❺ 싱글룸을 부탁합니다.

❻ 오늘밤부터 3일간 머물겠습니다.

❼ 욕실(샤워실)이 있는 방을 원합니다.

❽ 체크아웃 시간은 몇 시입니까?

❾ 좀더 싼방은 없습니까?

❶ **¿Tiene una habitación libre?**
띠에-네 우나 아비따씨옹- 리-브레

❷ **No fue hecha la reserva.**
노 후에 에-차 라 레세-르바

❸ **¿Cuánto cuesta por una noche?**
꾸안-또 꾸에-스따 뽀-르 우나 노-체

❹ **¿Está incluido el desayuno en este precio?**
에스따- 인끌루이-도 엘 데사유-노 엔 에스떼 쁘레-씨오

❺ **Espero una habitación sencilla.**
에스뻬-로 우나 아비따씨옹- 센씨-야

❻ **Voy a hospedarme 3 noches.**
보이 아 오스뻬다-르메 뜨레스 노-체스

❼ **Quiero una habitación con baño.**
끼에-로 우나 아비따씨옹- 꼰 바-뇨

❽ **¿A qué hora tengo que dejar la habitación?**
아 께- 오라 뗑-고 께 데하-르 라 아비따씨옹-

❾ **¿No hay otra habitación más barata?**
노 아이 오뜨라 아비따씨옹- 마스 바라-따

❸ 객실의 이용!

❶ 에어컨(냉난방)은 어떻게 조절합니까?

❷ 방을 바꾸고 싶습니다.

❸ 아침식사 룸서비스가 됩니까?

❹ 비상구는 어디에 있습니까?

❺ 더운 물이 나오지 않습니다.

❻ 화장실 물이 안 나옵니다.

❼ 텔레비전이 켜지지 않습니다.

욕실 : **el cuarto de baño**

(엘 꽈-르또 데 바-뇨)

샤워 : **la ducha** (라 두-차)

앗! 단어장!

❶ **¿Cómo controla el aire acondicionado?**
꼬-모 꼰뜨롤-라 엘 아이레 아꼰디씨오나-도

❷ **Quiero cambiar de habitación.**
끼에-로 깜비아-르 데 아비따씨옹-

❸ **¿El servicio de habitaciones sirve desayuno?**
엘 세르비-씨오 데 아비따씨오-네스 시-르베 데사유-노

❹ **¿Dónde está la salida de emergencia?**
돈-데 에스딸-라 살리-다 데 에메르헨-씨아

❺ **No sale agua caliente.**
노 살-레 아-구아 깔리엔-떼

❻ **No vierte el agua del excusado.**
노 비에-르떼 엘 아-구아 델 엑스꾸사-도

❼ **No funciona el televisor.**
노 훈씨오-나 엘 뗄레비소-르

화장실 : **el aseo** (엘 아세-오)

휴지 : **el papel higiénico**
(엘 빠-뻴- 이히에-니꼬)

앗! 단어장!

④ 룸서비스의 이용!

❶ 룸서비스는 어떻게 부릅니까?

❷ 룸서비스 부탁합니다.

❸ 방 번호를 가르쳐 주십시오.

❹ 여긴 305호실입니다.

❺ 7시 30분에 모닝콜 좀 부탁드릴게요.

❻ 주문한 아침식사가 아직도 오지 않았습니다.

❼ 시원한 음료수 한 잔 주세요.

❽ 얼음과 생수를 좀 가져다 주십시오.

❾ 커피 한잔 주세요.

❶ ¿Cómo pedir el servicio de habitaciones?
꼬-모 뻬디-르 엘 세르비-씨오 데 아비따씨오-네스

❷ El servicio de habitaciones, por favor.
엘 세르비-씨오 데 아비따씨오-네스 뽀-르 화보-르

❸ Deme su número de habitación, por favor.
데-메 수 누-메로 데 아비따씨옹- 뽀-르 화보-르

❹ Esta es la habitación 305.
에스따 에슬 라 아비따씨옹- 뜨레쓰 쎄로 씽꼬

❺ Despiérteme a las siete y media.
데스삐에-르떼메 알 라스 시에-떼 이 메-디아

❻ Todavía no me han servido el desayuno que les pedí.
또다비-아 노 메 안 세르비-도 엘 데사유-노 께 레스 뻬디-

❼ Tráigame un refresco.
뜨라-이가메 운 레후레-스꼬

❽ Tráigame agua mineral y hielo.
뜨라-이가메 아-구아 미네랄- 이 이엘-로

❾ Una taza de café, por favor.
우나 따사 데 까훼- 뽀-르 화보-르

⑤ 프론트의 이용!

❶ 방을 바꾸고 싶습니다.

❷ 이 방은 너무 시끄럽습니다.

❸ 귀중품을 맡아 주시겠습니까?

❹ 이 짐을 좀 보관해 주시겠습니까?

❺ 315호실에 숙박하고 있습니다.

❻ 맡긴 짐을 찾고 싶습니다.

❼ 제게 온 편지는 없습니까?

❽ 식당은 몇 시부터입니까?

❾ 하루 더 묵고 싶습니다.

5

❶ Deseo cambiar de habitación.
데세-오 깜비아-르 데 아비따씨옹-

❷ Esta habitación es demasiado ruidosa.
에스따 아비따씨옹- 에스 데마씨아-도 루이도-사

❸ ¿Puedo depositar los artículos de valor?
뿌에-도 데뽀시따-르 로스 아르띠-꿀로스 데 발로-르

❹ ¿Podría depositar este equipaje?
뽀드리-아 데뽀시따-르 에스떼 에끼빠-헤

❺ Estoy hospedándome en la 315.
에스또이 오스뻬단-도메 엔 라 뜨레스 우노 씽꼬

❻ Entrégueme el equipaje depositado.
엔뜨레-게메 엘 에끼빠-헤 데뽀시따-도

❼ ¿Hay algunas cartas para mí?
아이 알구-나스 까-르따스 빠라 미-

❽ ¿A Qué hora abre el comedor?
아 께 오-라 아-브레 엘 꼬메도-르

❾ Quisiera quedarme un dia más.
끼시에-라 께다-르메 운 디-아 마-스

  ❻ 호텔식당의 이용!

❶ 식당은 어디에 있습니까?

❷ 무엇을 주문하시겠습니까?

❸ 양식으로 주십시오.

❹ 계란 후라이와 베이컨을 주세요.

❺ 호텔 안에 한국식당이 있습니까?

❻ 물 좀 주시겠습니까?

❼ 카페인 없는 커피 있습니까?

❽ 계산서를 주시겠습니까?

❾ 이 요금을 숙박비에 포함시켜 주시겠습니까?

❶ ¿Dónde está el comedor?
돈-데 에스따- 엘 꼬메도-르

❷ ¿Qué quiere usted?
께 끼에-레 우스떼-드

❸ Espero la comida de tipo occidental.
에스뻬-로 라 꼬미-다 데 띠-뽀 옥씨덴딸-

❹ Huevos fritos y beicon, por favor.
우에-보스 후리-또스 이 베이꼰 뽀-르 화보-르

❺ ¿Hay un restaurante coreano en este hotel?
아이 운 레스따우란-떼 꼬레아-노 엔 에스떼 오뗄-

❻ Agua, por favor.
아-구아 뽀-르 화보-르

❼ ¿Tiene café descafeinado?
띠에-네 까훼- 데스까훼이나-도

❽ La cuenta, por favor.
라 꾸엔-따 뽀-르 화보-르

❾ Incluya la comida en mi cuenta.
잉끌루-야 라 꼬미-다 엔 미 꾸엔-따

❼ 체크아웃!

❶ 내일 아침 일찍 체크아웃하겠습니다.

❷ 계산서를 부탁합니다.

❸ 제 짐을 로비까지 내려주세요.

❹ 지금 체크아웃 하겠습니다.

❺ 모두 얼마입니까?

❻ 27호의 김진수입니다.

❼ 여행자수표 받습니까?

❽ 제 짐은 내려왔습니까?

❾ 잘 지냈습니다.

❶ Mañana por la mañana muy temprano voy a dejar la habitación.
마냐-나 뽀-를 라 마냐-나 무이 뗌쁘라-노 보이
아 데하-르 라 아비따씨옹-

❷ La cuenta, por favor.
라 꾸엔-따 뽀-르 화보-르

❸ Lleve mis maletas hasta el vestíbulo.
이예-베 미스 말레-따스 아스따 엘 베스띠-불로

❹ Ahora, voy a dejar la habitación.
아오-라 보이 아 데하-를 라 아비따씨옹-

❺ ¿Cuánto me cuesta?
꾸안-또 메 꾸에-스따

❻ Soy Jinsu Kim de la habitación 27.
소이 진수 김 델 라 아비따씨옹- 베인띠시에-떼

❼ ¿Aceptan cheques de viajero?
아쎕-딴 체-께스 데 비아헤-로

❽ ¿Han traido todas mis maletas?
안 뜨라-이도 또-다스 미스 말레-따스

❾ El servicio de este hotel ha sido excelente.
엘 세르비-씨오 데 에스떼 오뗄- 아 시도 엑쎌렌-떼

❽ 유스호스텔의 이용!

❶ 유스호스텔에 어떻게 갑니까?

❷ 3일간 머무르고 싶습니다.

❸ 취사를 할 수 있습니까?

❹ 오늘 밤 묵을 수 있습니까?

❺ 지금 곧 방에 들어갈 수 있습니까?

❻ 방값은 얼마입니까?

❼ 아침식사는 얼마입니까?

❽ 시트를 빌려 주십시오.

❾ 짐을 이곳에 놓아도 됩니까?

❶ **¿Cómo puedo ir al albergue juvenil?**
꼬-모 뿌에-도 이르 알 알베-르게 후베닐-

❷ **Quiero hospedarme por tres días.**
끼에-로 오스뻬다-르메 뽀-르 뜨레스 디-아스

❸ **¿Podría preparar la comida aquí?**
뽀드리-아 쁘레빠라-르 라 꼬미-다 아끼-

❹ **¿Puedo hospedarme esta noche?**
뿌에-도 오스뻬다-르메 에스따 노-체

❺ **¿Puedo entrar ahora mismo a la habitación?**
뿌에-도 엔뜨라-르 아오-라 미-스모 알-라 아비따씨옹-

❻ **¿Cuál es el precio de la habitación?**
꾸알- 에스 엘 쁘레-씨오 델 라 아비따씨온-

❼ **¿Cuánto cuesta el desayuno?**
꾸안-또 꾸에-스따 엘 데사유-노

❽ **Tráigame una sábana, por favor.**
뜨라-이가메 우나 사-바나 뽀-르 화보-르

❾ **¿Podría dejar aquí mis maletas?**
뽀드리-아 데하-르 아끼- 미스 말레-따스

호텔 관련 단어들!

⊙ 호텔 관련 단어표현

호텔	el hotel	엘 오뗄-
프론트 데스크	la recepción	라 레쎕씨온-
지배인	el gerente	엘 헤렌-떼
회계원	el cajero	엘 까헤-로
손님	el huésped	엘 우에-스뻬드
관광지	el lugar turístico	
		엘 루가-르 뚜리-스띠꼬
숙박카드	la ficha	라 휘차
싱글룸	el cuarto individual	
		엘 꽈-르또 인디비두알-
트윈룸	el cuarto con dos camas	
		엘 꽈-르또 꼰 도스 까-마스
냉난방기	la calefacción y el aire acondicionado	
		라 깔레확씨온- 이 엘 아이레 아꼰디씨오나-도
명세서	la cuenta	라 꾸엔-따
영수증	el recibo	엘 레씨-보
귀중품	el objeto de valor	
		엘 오브헤-또 데 발로-르
메모판	el cuaderno	엘 꽈데-르노
조용한 방	el cuarto tranquilo	
		엘 꽈-르또 뜨랑낄-로

전망 좋은 방	el cuarto de buena vista	
	엘 꽈-르또 데 부에-나 비-스따	
욕실	el cuarto de baño	
	엘 꽈-르또 데 바-뇨	
욕조	la bañera	라 바녜-라
샤워	la ducha	라 두-차
목욕타월	la toalla de baño	
	라 또아-이야 데 바-뇨	
수건	la toalla	라 또아-이야
화장실	el aseo	엘 아세-오
휴지	el papel higiénico	
	엘 빠-뻴- 이히에-니꼬	
비상구	la salida de incendios	
	라 살리-다 데 인쎈-디오스	
복도	el pasillo	엘 빠시-요
1층	la planta baja	라 쁠란-따 바-하
2층	el primer piso	
	엘 쁘리메-르 삐소	
엘리베이터	el ascensor	엘 아스쎈소-르
층계	la escalera	라 에스깔레-라
로비	el vestíbulo	엘 베스띠-불로
행사장	la sala de acto	
	라 살-라 데 악-또	
식당	el restaurante	엘 레스따우란-떼
커피숍	la cafetería	라 까풰떼리-아

잠깐! 스페인 정보!

✚ 스페인의 축제!

스페인의 축제에 대한 정보가 있다면 보다 많은 볼거리와 즐거움을 함께 할 수 있어서 여행에 도움이 될 것입니다.

카니발 : 전국적으로 열리는 축제로서 그 중에서도 Cadiz와 Tenerife에서 열리는 카니발이 가장 유명합니다.

LAS FALLS : 건물 3, 4층 높이의 큰 조형물을 만들어서 도시 곳곳에 세운 뒤에 그것을 태우는 축제로서, 원래는 집안의 쓸데없는 물건을 태워버려서 악운을 떨친다는 의미를 가지고 있습니다.

FERIA DE SEVILLA : 스페인 고유의 춤과 노래인 SEVILLA를 하루 종일 부르고 춤추며 흥겹게 즐기는 축제입니다.

ROCIO DE HUELVA : 안달루시아의 사람들이 말이나 마차를 타고서 HUELVA 지방의 EL VIRGEN ROCIO 교회까지 가는 순례 축제입니다.

SAN ISIDRO 축제 : 마드리드의 수호 성인인 ISIDRO를 기리는 축제로서 여러가지 문화 행사중에서도 특히, VENTAS 투우장의 투우 경기가 유명합니다.

SAN FERMINES 축제 : 이 축제 기간 중에 열리는 행사로서 가장 유명한 것은 LA CORRIDA로서 젊은 사람들이 투우용 황소를 거리에 풀고서 투우장까지 함께 달리는 것인데 위험해서 매년 부상자가 나오고 있습니다.

토마토 축제 : 8월의 마지막 수요일에 VALENCIA지방의 BUNOL에서 열리는 축제로서 이날 사람들이 던지는 토마토의 양은 상상을 초월할 정도입니다.

PILAR 축제 : 일년의 축제를 마감하는 것으로서 성야곱이 성모발현한 것을 기념하는 종교축제입니다.

6. 식당과 요리!

 ❶ 스페인 요리!

스페인 요리는 지방마다 특색이 강하며 요리의 종류가 매우 다양해서 전세계적으로 널리 알려져 있습니다. 주로 육류나 해산물을 사용하며 마늘과 고추를 많이 사용해서 우리 입맛에도 잘 맞습니다. 식사는 집에서보다는 외식을 하는 것을 좋아하며 아침은 우유나 커피, 코코아 등을 마시는 것으로 간단히 해결하고 점심을 하루 식사 중에 가장 중요시하여서 1시간 이상의 여유를 갖고 푸짐하게 먹습니다. 그리고 저녁은 점심보다는 가볍게 먹습니다. 식당의 영업 시간은 점심은 13:30~16:30, 저녁은 20:30~24:00이며 주말 저녁 시간은 연장되기도 합니다.

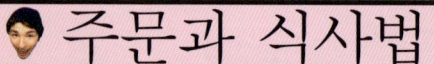
전형적인 스페인 요리는 각 지역별로 특징이 있는데, 요리법에 따라 크게 7가지로 나눌 수 있습니다.

북부 지역 : 요리 종류가 가장 다양한 지역으로서 갈리시아의 해산물 요리와 바스꼬 요리는 세계적으로 유명합니다.

피리노에 지역 : 토마토와 고추를 이용한 칠린드로네스가 피리노에 지역의 대표적인 요리입니다.

카탈루냐(CATALUNA) 지역 : 맛있는 소시지와 치즈의 생산지로 알려져 있으며 마늘을 넣은 마요네즈 소스로도 유명합니다. 스튜요리가 발달된 지역이며 발렌시아와 주변 지역은 쌀로 만든 요리가 많고 맛도 좋습니다.

안달루시아 지역 : 주로 생선을 튀기는 요리가 많이 있으며 우엘바 지방의 햄인 하몽은 스페인 사람 누구나가 즐겨먹는 음식입니다.

중부 스페인 지역 : 송아지, 돼지새끼, 염소새끼, 어린양 등의 고기를 나무 태우는 오븐에서 천천히 구워서 만든 로스트 요리를 즐겨 먹습니다. 소시지 종류인 초리소도 이 지역의 대표적인 음식이며 마드리드에서는 여러가지 콩과 고기를 함께 요리한 마드리드 스튜가 유명합니다.

발레아레스(BALEARES)군도 : MENORCA의 MAHON에서 유래한 마요네즈가 널리 알려져 있는데 전 세계로 수출도 합니다.

마요르카 지역 : 가루반죽 과자인 엔사이마다와 소시지인 소브라사다가 유명합니다.

✚ 하몽과 초리소

스페인 사람들이 주로 먹는 요리로서 하몽은 돼지 뒷다리를 소금에 절여서 약 1년동안 공기 중에 말린 햄이며, 초리소는 소금과 다진 파프리카를 돼지 내장에 채워 만든 소시지입니다.

✚ 빠에야와 가스파쵸

빠에야와 가스파쵸는 전세계적으로 널리 알려진 스페인 요리로서, 빠에야는 스페인식 철판 볶음밥으로서 쌀과 닭고기, 각종 해산물을 함께 볶아서 만듭니다. 가스파쵸는 안달루시아 지방의 고유 음식으로서 토마토 퓨레와 피망, 오이 등의 여러가지 야채를 넣고 갈아서 만든 익히지 않은 토마토 수프입니다.

✚ 사프란

스페인 요리에서 가장 많이 쓰이는 향신료로서 얼얼한 향뿐만 아니라 노란색을 내기위해 주로 사용합니다. 샤프란의 주산지는 라만챠 지방입니다.

✚ 팁

우리나라와는 달리 유럽국가들에서는 팁이 일반화되어 있습니다. 스페인도 마찬가지인데 이곳에서는 팁을 Propina라고 합니다. 레스토랑을 이용할 경우 요금의 5~10%의 팁이 일반적인데 계산서에 서비스료가 포함되어 있는 경우에는 주지 않아도 되며 카페나 바, 또는 택시를 이용할 때에는 거스름 돈의 잔돈을 팁으로 줍니다.

❶ 식당을 찾을 때!

❶ 그다지 비싸지 않은 음식점이 좋습니다.

❷ 근처에 유명한 레스토랑이 있습니까?

❸ 이 지방의 명물 요리는 무엇입니까?

❹ 나는 프랑스 요리를 먹고 싶습니다.

❺ 이 근처에 중국요리점은 어디입니까?

❻ 영어가 통하는 레스토랑이 좋습니다.

❼ 한국 음식점으로 갑시다.

❽ 메뉴를 보여 주십시오.

❾ 한국어 메뉴가 있습니까?

❶ Prefiero un restaurante no muy caro.
쁘레휘에-로 운 레스따우란-떼 노 무이 까-로

❷ ¿Hay algún restaurante famoso cerca de aquí?
아이 알군- 레스따우란-떼 화모-소 쎄-르까 데 아끼-

❸ ¿Cuál es la especialidad de este lugar?
꾸알- 에슬 라 에스뻬씨알리닫- 데 에스떼 루가-르

❹ Quiero tomar la comida francesa.
끼에-로 또마-르 라 꼬미-다 후란쎄-사

❺ ¿Dónde está el restaurante chino más cercano?
돈-데 에스따- 엘 레스따우란-떼 치-노 마-스 쎄르까-노

❻ Prefiero un restaurante en donde se hable inglés.
쁘레휘에-로 운 레스따우란-떼 엔 돈-데 세 아-블레 잉글레-스

❼ Vámonos a un restaurante coreano.
바-모노스 아 운 레스따우란-떼 꼬레아-노

❽ Tráigame el menú, por favor.
뜨라-이가메 엘 메누- 뽀-르 화보-르

❾ ¿Tiene el menú escrito en coreano?
띠에-네 엘 메누- 에스끄리-또 엔 꼬레아-노

❷ 식당의 예약!

❶ 예약이 필요합니까?

❷ 알겠습니다. 성함을 말씀해 주세요.

❸ 제 이름은 이진수입니다.

❹ 몇 분이십니까?

❺ 모두 여섯 명입니다.

❻ 7시에 가겠습니다.

❼ 영업은 몇 시까지입니까?

앗! 단어장!

식당 : **el restaurante**
(엘 레스따우란-떼)

식사 : **la comida** (라 꼬미-다)

❶ ¿Necesita la reserva?
네쎄시-따 라 레세-르바

❷ Vale. ¿Cómo se llama usted?
발-레 꼬-모 세 이야-마 우스떼-드

❸ Me llamo Jinsu Lee.
메 이야-모 진수 리

❹ En total, ¿cuántos van a ser?
엔 또딸- 꾸안-또스 반 아 세르

❺ Seis.
세이스

❻ Llegaremos a las siete.
이예가레-모스 알 라스 시에-떼

❼ ¿A qué hora cierra el restaurante?
아 께 오라 씨에-라 엘 레스따우란-떼

주문 : **el pedido** (엘 뻬디-도)

메뉴 : **el menú** (엘 메누-)

웨이터 : **el camarero** (엘 까마레-로)

앗! 단어장!

❸ 식당 미예약시!

❶ 안녕하십니까? 몇분이시죠?

❷ 세명입니다.

❸ 잠시 여기서 기다려 주십시오.

❹ 기다리겠습니다.

❺ 얼마나 기다려야 합니까?

❻ 테이블이 마련되어 있습니다.

❼ 이쪽으로 오십시오.

아침식사 : **el desayuno** (엘 데사유-노)

점심식사 : **el almuerzo**

　　　　　　(엘 알무에-르쏘)

앗! 단어장!

❶ Bienvenidos. ¿Cuántos son?
비엔베니-도스 꾸안-또스 손

❷ Somos tres.
소-모스 뜨레스

❸ Esperen un momento, por favor.
에스뻬-렌 운 모멘-또 뽀-르 화보-르

❹ Vale. Esperaremos.
발-레 에스뻬라레-모스

❺ ¿Por cuánto tiempo debemos esperar?
뽀-르 꾸안-또 띠엠-뽀 데베-모스 에스뻬라-르

❻ Ya está preparada la mesa.
야 에스따- 쁘레빠라-다 라 메-사

❼ Vengan por aquí.
벵-간 뽀-르 아끼-

저녁식사 : **la cena** (라 쎄-나)

밥 : **el arroz** (엘 아로-스)

빵 : **el pan** (엘 빤)

앗! 단어장!

④ 식사의 주문!

❶ 우선 메뉴를 좀 보겠습니다.

❷ 이것을 먹겠습니다.

❸ 여기에서 잘하는 음식을 소개해 주십시오.

❹ 오늘의 특별요리는 무엇입니까?

❺ 어떤 요리들이 있습니까?

❻ 저것과 같은 것을 주십시오.

❼ 스테이크를 어떻게 익혀드릴까요?

❽ 반쯤 익혀주세요.

❾ 살짝 구워 주세요.

❶ Quiero ver el menú.
끼에-로 베르 엘 메누-

❷ Déme esto.
데-메 에스또

❸ Recomiéndeme su especialidad.
레꼬미엔-데메 수 에스뻬씨알리닫-

❹ ¿Cuál es el menú de hoy?
꾸알- 에스 엘 메누- 데 오이

❺ ¿Cuáles son los platos recomendables?
꾸알-레스 손 로스 쁠라-또스 레꼬멘다-블레스

❻ Déme ese mismo plato.
데-메 에세 미-스모 쁠라-또

❼ ¿Cómo le sirvo el bistec?
꼬-모 레 시-르보 엘 비스떽-

❽ No muy hecho, por favor.
노 무이 에-초 뽀-르 화보-르

❾ Poco hecho, por favor.
뽀꼬 에-초 뽀-르 화보-르

❺ 식사시의 표현!

❶ 주문한 요리가 아직 안나왔습니다.

❷ 이것은 내가 주문한 것이 아닙니다.

❸ 이 요리는 어떻게 먹는거죠?

❹ 스푼을 떨어뜨렸습니다.

❺ 소금 좀 가져다 주세요.

❻ 물 좀 주십시오.

❼ 빵을 조금 더 주세요.

앗! 단어장!

양식 : **la comida occidental**
(라 꼬미-다 옥씨덴딸-)

중식 : **la comida china**
(라 꼬미-다 치-나)

108

❶ Todavía no ha venido mi plato.
또다비-아 노 아 베니-도 미 쁠라-또

❷ Esto no es lo que he pedido.
에-스또 노 에슬로 께 에 뻬디-도

❸ ¿Cómo tomo este plato?
꼬-모 또모 에스떼 쁠라-또

❹ Se me ha caído la cuchara.
세 메 아 까이-도 라 꾸차-라

❺ Tráigame la sal, por favor.
뜨라-이가메 라 살 뽀-르 화보-르

❻ Agua, por favor.
아-구아 뽀-르 화보-르

❼ Un poco más de pan, por favor.
운 뽀-꼬 마-스 데 빤 뽀-르 화보-르

일상 가정음식 : **la comida casera**
(라 꼬미-다 까세-라)

요리의 전채 : **el aperitivo**
(엘 아뻬리띠-보)

앗! 단어장!

⑥ 패스트푸드점

❶ 빅맥 햄버거와 콜라 한 병 주세요.

❷ 햄샌드위치 하나와 파인애플 주스 한 병 주세요.

❸ 음료는 무엇으로 하시겠습니까?

❹ 콜라로 주세요.

❺ 아이스크림 하나 주세요.

❻ 커피로 하겠어요.

❼ 더 주문하실 것은 없으십니까?

❽ 여기서 드실건가요, 가지고 가실건가요?

❾ 여기서 먹을 거예요.

6. 식당과 요리

6

❶ Una hamburguesa Bic Mac y una Coca-cola.
우나 암부르게-사 빅 맥 이 우나 꼬까꼴-라

❷ Un sandwich con jamón y un zumo de piña.
운 산드위치 꼰 하몽- 이 운 수모 데 삐-냐

❸ ¿Quiere bebida?
끼에-레 베비-다

❹ Una Coca-cola, por favor.
우나 꼬까꼴-라 뽀-르 화보-르

❺ Deme un helado.
데-메 운 엘라-도

❻ Café, por favor.
까훼- 뽀-르 화보-르

❼ ¿Van a pedir algo más?
반 아 뻬디-르 알고 마-스

❽ ¿Para tomar aquí o llevar?
빠라 또마-르 아끼- 오 이예바-르

❾ Voy a tomar aquí.
보이 아 또마-르 아끼-

❼ 식사비의 계산!

❶ 계산서 부탁합니다.

❷ 봉사료까지 포함되어 있습니까?

❸ 각자 냅시다.

❹ 내가 지불하겠습니다.

❺ 선불입니까?

❻ 제가 보기에 계산서가 잘못된 것 같습니다.

❼ 맛있었습니다.

앗! 단어장!

계산서 : **la cuenta** (라 꾸엔-따)

서비스요금 : **el servicio**

(엘 세르비-씨오)

❶ **La cuenta, por favor.**
라 꾸엔-따 뽀-르 화보-르

❷ **¿Está incluido en este precio el servicio?**
에스따- 잉끌루이도 엔 에-스떼 쁘레-씨오 엘
세르비-씨오

❸ **Vamos a pagar por separado.**
바-모스 아 빠가-르 뽀-르 세빠라-도

❹ **Hoy yo les invito.**
오이 요 레스 인비-또

❺ **¿Pago por anticipado?**
빠-고 뽀-르 안띠씨빠-도

❻ **Parece que hay un error en la cuenta.**
빠레-쎄 께 아이 운 에로-르 엔 라 꾸엔-따

❼ **Estuvo delicioso.**
에스뚜-보 댈리씨오-소

웨이터 : **el camarero** (엘 까마레-로)

웨이트레스 : **la camarera**

(라 까마레-라)

앗! 단어장!

❽ 주점의 이용!

❶ 무슨 술을 드시겠습니까?

❷ 포도주는 무엇이 있습니까?

❸ 칵테일 주세요.

❹ 순한 술도 있습니까?

❺ 이 지방의 특산주를 먹겠습니다.

❻ 맥주 주세요.

❼ 실례지만, 어떤 맥주가 있죠?

❽ 한잔 더 주세요.

❾ 선물하기에 좋은 술은 무엇입니까?

❶ **¿Qué licores quiere usted?**
께 리꼬-레스 끼에-레 우스떼-드

❷ **¿Qué tipo de vino tiene?**
께 띠-뽀 데 비-노 띠에-네

❸ **Deme un cóctel, por favor.**
데-메 운 꼭-뗄 뽀-르 화보-르

❹ **¿Tiene algunos licores suaves?**
띠에-네 알구-노스 리꼬-레스 수아-베스

❺ **Prefiero algo típico de este lugar.**
쁘레휘에-로 알-고 띠-삐꼬 데 에스떼 루가-르

❻ **Una caña, por favor.**
우나 까-냐 뽀-르 화보-르

❼ **¿Qué tipo de cerveza tiene usted?**
께 띠-뽀 데 쎄르베-사 띠에-네 우스떼-드

❽ **Una más, por favor.**
우나 마-스 뽀-르 화보-르

❾ **¿Qué licores me recomendaría para regalar a mis conocidos?**
께 리꼬-레스 메 레꼬멘다리-아 빠라 레갈라-르
아 미스 꼬노씨-도스

식당	el restaurante	엘 레스따우란-떼
식사	la comida	라 꼬미-다
주문	el pedido	엘 뻬디-도
메뉴	el menú	엘 메누-
아침식사	el desayuno	엘 데사유-노
점심식사	el almuerzo	엘 알무에-르쏘
저녁식사	la cena	라 쎄-나
양식	la comida occidental	
	라 꼬미-다 옥씨덴딸-	
중식	la comida china	
	라 꼬미-다 치-나	
일상 가정음식	la comida casera	
	라 꼬미-다 까세-라	
요리의 전채	el aperitivo	엘 아뻬리띠-보
샐러드	la ensalada	라 엔살라-다
수프	la sopa	라 소-빠
밥	el arroz	엘 아로-스
빵	el pan	엘 빤
계산서	la cuenta	라 꾸엔-따
서비스요금	el servicio	엘 세르비-씨오
웨이터	el camarero	엘 까마레-로
웨이트레스	la camarera	라 까마레-라
나이프(칼)	el cuchillo	엘 꾸치-이요
포크	el tenedor	엘 떼네도-르

수저	la cuchara	라 꾸차-라
냅킨	la servilleta	라 세르브이에-따
이쑤시개	el palillo de dientes	
		엘 빨리-이요 데 디엔-떼스
재떨이	el cenicero	엘 쎄니쎄-로
쇠고기	la carne de vaca	
		라 까-르네 데 바-까

돼지고기	la carne de cerdo	
		라 까-르네 데 쎄-르도
닭고기	el pollo	엘 뽀-이요
생선	el pescado	엘 뻬스까-도
양고기	el cordero	엘 꼬르데-로
해물요리	los mariscos	로스 마리-스꼬스

커피	el café	엘 까훼-
우유	la leche	라 레-체
홍차	el té	엘 떼-
코카콜라	Coca-Cola	꼬까꼴-라
주스	el jugo	엘 후-고
아이스크림	el helado	엘 엘라-도
사과	la manzana	라 만싸-나
포도	la uva	라 우-바
오렌지	la naranja	라 나랑-하

✚ 스페인의 주류!

포도주는 스페인 사람들이 가장 즐겨 마시는 술로서, 스페인은 프랑스 , 이탈리아와 더불어 세계 3대 포도주 생산국가입니다. 스페인 전 지역마다 고유의 와인이 있는데 그 중에  도 가장 널리 알려진 것으로는 쉐리와 마데이라를 들 수 있습니다. 쉐리는 백포도주에 브랜디를 섞어 수년간 숙성시킨 것으로서 주로 헤레즈 지방에서 생산되며, 마데이라는 달콤하면서도 무거운 맛이 나는 적포도주입니다. 포도주 생산으로 유명한 지역은 다음과 같습니다.

리오하 : 스페인에서 가장 유명한 포도주를 생산하는 곳으로서 맛과 향에서 최고의 포도주입니다.

헤레즈 : 쉐리라고도 불리는 안달루시아 포도주는 세계 120여개국으로 수출되는 전세계적으로 널리 알려진 상품입니다.

발데페냐스 : 리오하와 더불어 질좋은 포도주를 생산합니다.

엘 까바 까탈란 : 카탈루냐의 뻬네데스 지역에서 생산하는 삼페인으로 적당한 가격의 고급 포도주로 세계적으로도 유명합니다.

와인에 비해 값이 저렴한 **맥주**도 스페인 사람들이 즐겨 마시는 술인데 주로 술집에서 나오는 간단한 음식인 TAPAS와 함께 아페리티프로 마십니다.

포도주와 맥주외에 알콜 함량이 높은 술도 있는데 **스페인 브랜디**는 스페인 독주 중에 가장 널리 알려진 술입니다.

7. 쇼핑용 회화!

❶ 쇼핑 요령!

쇼핑은 미리 목록을 작성해서 하는 것이 좋습니다. 산지와 상점가의 위치도 미리 조사해 두도록 합니다. 구매물품에 대한 정보, 그러니까 가죽제품은 어느 지역, 어느 점포에서 사는 것이 좋고 싸다든지, 어디서 사야 진품을 구할 수 있는 지를 정보자료를 통해 미리 조사하도록 합니다.

쇼핑 노하우!!!

❷ 스페인의 주요 쇼핑품

스페인의 대표적인 쇼핑품목으로는 가죽 제품을 들 수 있겠는데 양질의 가죽으로 만든 의류와 신발, 가방 등을 저렴한 가격에 구입할 수 있습니다. 유럽의 3대 피혁 메이커 중에 하나인 Loewe도 이곳의 가죽 브랜드입니다. 그밖에 것으로 도자기로 만든 상품과 수공예 목제가구, 수제 기타, 수공 카페트, 금은 세공품 등도 관광객에게 인기있는 쇼핑 품목입니다.

상점들은 보통 오전 09:30~13:00 까지이며, 1시부터는 씨에스타라고 해서 낮잠 자는 시간이고 16:30분 경부터 다시 영업을 시작해 저녁 8시나 8시 30분 경에 문을 닫습니다. 그러나 요즈음 대도시에서는 씨에스타가 거의 사라지고 없습니다. 일반적으로 상점들은 토요일과 일요일은 휴무나 관광지의 여름철에는 휴일없이 영업하기도 합니다.

❸ 벼룩시장

마드리드의 벼룩시장 : 산 이시드로 사원 남쪽 카스코로 광장에서 톨레도 거리에 이르는 리베라 데 쿠르티도레스 거리 일대에 매주 일요일에 열립니다. 오래된 은제품과 놋쇠제품에서 신품에 이르기까지 없는 것이 없을 정도로 온갖 종류의 생활용품이 나와 있습니다. 벼룩시장에서 물건을 잘 사는 비결은 무조건 깎는 것으로서 흥정만 잘 하면 귀한 물건을 아주 저렴한 가격에 구할 수도 있습니다.
벼룩시장이 열리는 시간은 일요일 10:00~14:00입니다.

바르셀로나의 벼룩시장 : 바르셀로나의 벼룩시장은 시장이 열리는 곳마다 특정한 상품 판매를 위주로 열리는 것이 특징인데 대성당 앞의 Nova 광장에서는 목요일마다 안티크 시장이 열리며, Reial 광장에서는 일요일 09:00부터 예날 동전과 우표를 파는 벼룩시장이 열립니다. Glóries Catalanes 광장에서 열리는 바르셀로나 최대의 벼룩시장은 매주 월, 수, 금, 토요일 09:00부터 열리며 여러가지의 생활용품을 구입할 수 있습니다.

✚ 스페인의 공예품

스페인 사람들은 수세기 동안 이어져 내려온 전통을 바탕으로 여러가지 공예품을 만들어 오고 있습니다. 그래서 거의 모든 스페인의 도시, 특히 관광지에는 각 분야별로 전문화된 공예품 산업이 발달되어 있는데 가장 널리 알려진 것으로는 최고급의 가죽을 현대적인 디자인으로 상품화한 Andalucia의 가죽제품이 있습니다. 그외에 Galicia의 도자기 제품과 Valencia의 유리공예품, Caceres, Granada, Murcia의 수공 카페트 등도 전통과 품질로 세계적으로 유명합니다.

✚ 스페인의 IVA

IVA는 부가가치세에 해당하는 것으로서 숙박시설이나 레스토랑을 이용할 경우에 7%, 전자제품 등의 물건 구입시에는 16%의 IVA가 붙습니다. 한가지 품목으로 90 EURO 이상의 물건을 구입했을 경우에는 IVA를 돌려 받을 수 있으므로 출국시에 잊지 말고 신고하도록 합니다.

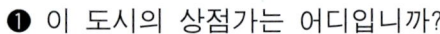

① 쇼핑하는 법!

❶ 이 도시의 상점가는 어디입니까?

❷ 그저 보는 것뿐입니다.

❸ 이것과 같은 것이 있습니까?

❹ 옷을 입어 봐도 될까요?

❺ 신발을 신어 봐도 될까요?

❻ 이것은 남성(여성)용입니까?

❼ 좀 더 싼 것이 있습니까?

❽ 좀 더 큰 것은 없습니까?

❶ ¿Dónde está el centro comercial de esta ciudad?
돈-데 에스따-엘 쎈-뜨로 꼬메르씨알- 데 에스따 씨우닫-

❷ Estoy solamente mirando.
에스또이 솔라멘-떼 미란-도

❸ ¿No tiene otro igual a éste?
노 띠에-네 오뜨로 이괄- 아 에스떼

❹ ¿Podría probarme este vestido?
뽀드리-아 쁘로바-르메 에스떼 베스띠-도

❺ ¿Podría probarme los zapatos?
뽀드리-아 쁘로바-르메 로스 사빠-또스

❻ ¿Es éste para hombres (mujeres)?
에스 에-스떼 빠라 옴브레스 (무헤-레스)

❼ Enséñeme algo más barato.
엔세-녜메 알-고 마-스 바라-또

❽ ¿Tiene una talla más grande?
띠에-네 우나 따-이야 마-스 그란-데

❷ 물건값을 낼 때!

❶ 이걸 사겠습니다.

❷ 전부 합해서 얼마입니까?

❸ 제게는 너무 비쌉니다.

❹ 싸게 할 수 없습니까?

❺ 여기는 정찰제입니다.

❻ 계산이 틀리지 않나요?

❼ 현금으로 지불할게요.

앗! 단어장!

영업중 : **Abierta** (아비에-르따)

폐점 : **Cerrada** (쎄라-다)

백화점 : **el almacén** (엘 알마쎈-)

❶ Me quedo con esto.
메 께-도 꼰 에스또

❷ ¿Cuánto cuesta en total?
꾸안-또 꾸에-스타 엔 또딸-

❸ Es demasiado caro.
에스 데마씨아-도 까-로

❹ ¿Puede rebajarlo un poco?
뿌에-데 레바하-를로 운 뽀-꼬

❺ Aquí tienen el precio fijo.
아끼- 띠에-넨 엘 쁘레-씨오 휘호

❻ ¿No está equivocada la cuenta?
노 에스따- 에끼보까-다 라 꾸엔-따

❼ Voy a pagar en efectivo.
보이 아 빠가-르 엔 에훽띠-보

세일 : **las rebajas** (라스 레바-하스)

가격표 : **la lista de precios**

(라 리-스따 데 쁘레-씨오스)

앗! 단어장!

❸ 백화점 쇼핑!

❶ 실례합니다.

❷ 화장품은 어디에 있습니까?

❸ (그것)은 어디에서 살 수 있습니까?

❹ ~을 사고 싶습니다.

❺ 이 두 개의 차이점이 뭔가요?

❻ 이것 두 개의 가격은 얼마입니까?

❼ 이 제품 흰색으로 있습니까?

❽ 탈의실은 어디입니까?

❾ 다른 것을 보여주십시오.

❶ Con su permiso.
꼰 수 뻬르미-소

❷ ¿Dónde se vende los cosméticos?
돈-데 세 벤-데 로스 꼬스메-띠꼬스

❸ ¿Dónde puedo comprar eso?
돈-데 뿌에-도 꼼쁘라-르 에소

❹ Quiero comprar ～.
끼에-로 꼼쁘라-르 ～

❺ ¿Qué diferencia hay entre estos dos?
께 디훼렌-씨아 아이 엔뜨레 에-스또스 도스

❻ ¿Qué precio tienen estos dos?
께 쁘레-씨오 띠에-넨 에-스또스 도스

❼ ¿Tiene este mismo en color blanco?
띠에-네 에스떼 미-스모 엔 꼴로-르 블랑-꼬

❽ ¿Dónde está el vestuario?
돈-데 에스따- 엘 베스뚜아-리오

❾ Enséñeme otro.
엔세-녜메 오뜨르

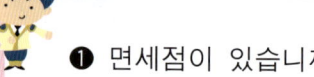

④ 면세점 쇼핑!

❶ 면세점이 있습니까?

❷ 브랜디를 사고 싶습니다.

❸ ~을 보여 주십시오.

❹ 여권을 보여 주십시오.

❺ 어떤 상표를 원하십니까?

❻ 이것으로 주세요.

❼ 여행자 수표로 지불해도 됩니까?

앗! 단어장!

선물 : **el regalo** (엘 레갈-로)

견본 : **la muestra** (라 무에-스뜨라)

교환 : **el cambio** (엘 깜-비오)

7

❶ ¿Hay tienda libre de impuesto?
아이 띠엔-다 리-브레 데 임뿌에-스또

❷ Quiero comprar un brandy.
끼에-로 꼼쁘라-르 운 브란-디

❸ Por favor, enséñeme ~.
뽀-르 화보-르 엔세-녜메 ~

❹ Su pasaporte, por favor.
수 빠사뽀-르떼 뽀-르 화보-르

❺ ¿Qué marca prefiere?
께 마-르까 쁘레휘에-레

❻ Déme este.
데-메 에스떼

❼ ¿Podría pagar con cheque de viajero?
뽀드리-아 빠가-르 꼰 체-께 데 비아헤-로

앗! 단어장!

설명서 : **el manual del uso**

(엘 마누엘- 델 우-소)

포장하다 : **envolver** (엔볼베-르)

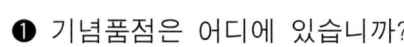

❺ 기념품점 쇼핑!

❶ 기념품점은 어디에 있습니까?

❷ 무엇을 찾으십니까?

❸ 부모님께 드릴 선물을 원합니다.

❹ 이 도시의 특산품은 무엇입니까?

❺ 진열대에 있는 것을 보여 주세요.

❻ 포장을 해주십니까?

❼ 한국으로 부쳐주실 수 있습니까?

❶ ¿Dónde está la tienda de recuerdos?
돈-데 에스따- 라 띠엔-다 데 레꾸에-르도스

❷ ¿Qué quiere usted?
께 끼에-레 우스떼-드

❸ Estoy buscando algunos recuerdos para mis padres.
에스또이 부스깐-도 알구-노스 레꾸에-르도스 빠라
미스 빠-드레스

❹ ¿Cuál es el producto especial de esta ciudad?
꾸알-에스 엘 쁘로둑-또 에스뻬씨알- 데 에스따
씨우닫-

❺ Enséñeme los del mostrador.
엔세-녜메 로스 델 모스뜨라도-르

❻ ¿Puede envolverme los artículos?
뿌에-데 엔볼베-르메 로스 아르띠-꿀로스

❼ ¿Puede mandármelos a Corea?
뿌에-데 만다-르멜로스 아 꼬레-아

❻ 슈퍼마켓 쇼핑!

❶ 실례합니다. 커피를 사려고 합니다.

❷ ~파는 곳은 어디입니까?

❸ 우유는 어디에 있습니까?

❹ 그 물건은 품절입니다.

❺ (쇼핑)백에 넣어주십시오.

❻ 종이 백을 드릴까요, 비닐 백을 드릴까요?

❼ 잔돈이 틀립니다.

❶ **Perdóneme, pero quiero comprar café.**
빼르도-네메 뻬로 끼에-로 꼼쁘라-르 까훼-

❷ **¿Dónde venden ~ ?**
돈-데 벤-덴 ~

❸ **¿Dónde está la leche?**
돈-데 에스따- 라 레-체

❹ **Está agotado, el producto.**
에스따- 아고따-도 엘 쁘로둑-또

❺ **Déjelos en la bolsa de la compra.**
데-헬로스 엔 라 볼-사 델 라 꼼-쁘라

❻ **¿Qué prefiere la bolsa de papel o de plástico?**
께 쁘레휘에-레 라 볼-사 데 빠뻴- 오 데
쁠라-스띠꼬

❼ **El cambio está equivocado.**
엘 깜-비오 에스따- 에끼보까-도

쇼핑 관련 단어들!

➡ 쇼핑 관련 단어표현

영업중	**Abierta**	아비에-르따
폐점	**Cerrada**	쎄라-다
백화점	**el almacén**	엘 알마쎈-
세일	**las rebajas**	라스 레바-하스
가격표	**la lista de precios**	
		라 리-스따 데 쁘레-씨오스
견본	**la muestra**	라 무에-스뜨라
교환	**el cambio**	엘 깜-비오
설명서	**el manual del uso**	
		엘 마누엘- 델 우-소
선물	**el regalo**	엘 레갈-로
포장하다	**envolver**	엔볼베-르
여행자수표	**el cheque de viajero**	
		엘 체-께 데 비아헤-로
기념품점	**la tienda de recuerdos**	
		라 띠엔-다 데 레꾸에-르도스

8. 우편, 전화, 은행!

❶ 우체국!

스페인 전역에 걸쳐서 약 6000여 곳에 우체국이 있습니다. 우체국의 우편 업무 시간은 월~금요일은 08:30~20:30, 토요일은 09:00~13:30인데 마드리드 시벨레스 광장의 중앙 우체국과 바르셀로나 우체국은 24시간 운영되므로 이용이 편리합니다. 우표는 우체국과 담배가게인 Estanco에서 구입할 수 있는데 항공 엽서 한 장의 가격은 0.6 EURO입니다. 스페인의 우체통은 노란색으로 칠해져 있는데 왼쪽 투입구는 시내, 오른쪽 투입구는 지방이나 외국으로 보낼 우편물을 넣도록 되어 있습니다.

편지나 소포를 보낼 때 주의할 점은 받는 사람의 주소는 한 글로 써도 되지만 국가명만은 우측 제일 하단에 **SOUTH KOREA**라고 써주어야 합니다.

❷ 국제전화!

스페인의 공중전화는 파란색으로 동전과 카드 모두 사용할 수 있으며 호텔이나 레스토랑에서 볼 수 있는 녹색 전화는 동전 전용 전화기입니다. 전화카드는 우체국이나 담배가게인 Estanco에서 구입할 수 있습니다. 공중전화의 기본 요금은 시내통화 0.15 **EURO**, 시외통화 0.3 **EURO**입니다.

ⓐ 공중전화로 통화하는 방법 :

공중전화로 국제전화를 걸 경우는 동전이나 카드를 먼저 넣은 후 (서울 929-2882로 전화를 건다고 할 때) **00-82-2-929-2882**를 누르면 됩니다. 이 때 00은 국제식별코드(**international access code**)이며, 82는 한국의 코드번호(**country code**), 2는 서울의 지역번호, 그리고 전화번호 929-2882가 됩니다. 외국에서 한국으로 전화할 때는 지역번호 앞의 0은 빼고 전화합니다.

ⓑ 통신사별 국제전화카드를 사용해서 전화하는 방법 :

다음의 통신사별 교환, 카드접속번호를 누른 후 안내방송에 따라서 전화를 걸면 됩니다.

한국통신	080-0080-0082
데이콤	0800-080-0820
온세통신	0800-33-70700

✚ 국제전화 후불카드

여행을 떠나기 전에 각 통신사에서 제공하는 국제전화 후불 카드를 만들면 현지에서 현금없이도 한국으로 전화를 걸 수 있습니다. 국제전화 후불카드란 본인이 지정하는 전화번호로 카드를 발급받아서 외국에서 사용한 후에 요금은 지정한 전화번호 청구서로 부과되는 제도로서 요금이 저렴하고 한국어 안내방송에 따라서 걸면 되므로 편리하다는 장점이 있습니다. 통신사별 국제전화후불카드 신청번호는 다음과 같습니다.

한국통신	080-2580-161
데이콤	082-100
온세통신	083-100

 ❸ 은행의 이용!

여행객은 주로 환전이나 송금을 받기 위해 은행을 이용하게 되는데, 시내 중심가에 환전소들이 많이 있지만 환율이 좋으면 수수료가 높거나 수수료가 없으면 환율이 좋지 않으므로 은행을 이용하는 것이 더 경제적입니다. 은행의 환전 수수료는 약 2% 정도이며 은행에 따라 약간의 차이가 있으므로 알아보고 환전하도록 합니다. 은행의 영업 시간은 월~금요일은 08:30~14:00, 토요일은 08:30~13:00입니다.

① 우편물 보내기!

❶ 이 근처에 우체국이 있습니까?

❷ 우체통은 어디 있습니까?

❸ 편지를 한국에 항공편으로 보내려 합니다.

❹ 이 엽서를 한국으로 보내고 싶습니다.

❺ 한국에 도착하는데 몇 일 걸립니까?

❻ 얼마짜리 우표를 붙입니까?

❼ 얼마입니까?

❽ 이 편지를 등기로 부쳐 주십시오.

❾ 이 전보를 쳐주십시오.

❶ **¿Hay alguna oficina de correos cerca de aquí?**
아이 알구-나 오휘시-나 데 꼬레-오스 쎄-르까 데 아끼-

❷ **¿Dónde está el buzón?**
돈-데 에스따- 엘 부손-

❸ **Quiero enviar por avión esta carta a Corea.**
끼에-로 엔비아-르 뽀-르 아비옹- 에스따 까-르따 아 꼬레-아

❹ **Quiero enviar esta postal a Corea.**
끼에-로 엔비아-르 에스따 뽀스딸- 아 꼬레-아

❺ **¿Cuánto tiempo tardará en llegar a Corea?**
꾸안-또 띠엠-뽀 따르다라- 엔 이예가-르 아 꼬레-아

❻ **¿De cuánto necesito el sello?**
데 꾸안-또 네쎄시-또 엘 세-이요

❼ **¿Cuánto cuesta?**
꾸안-또 꾸에-스따

❽ **Por favor, envíe esta carta por correo certificado.**
뽀-르 화보-르 엔비-에 에스따 까-르따 뽀-르 꼬레오 쎄르띠휘까-도

❾ **Por favor, envíe este telegrama.**
뽀-르 화보-르 엔비-에 에스떼 뗄레그라-마

❷ 소포 보내기!

❶ 이 소포를 보내고 싶습니다.

❷ 소포용 상자가 있습니까?

❸ 소포용으로 포장해 주세요.

❹ 이 소포를 선편으로 부치려 합니다.

❺ 소포 12개를 서울로 보내고 싶습니다.

❻ 소포를 보험에 드시겠습니까?

❼ 소포에 '취급주의'라고 표시해 주십시오.

앗! 단어장!

속달 : **el correo urgente**
(엘 꼬레-오 우르헨-떼)

우표 : **el sello** (엘 세-이요)

❶ Quiero mandar este paquete.
끼에-로 만다-르 에스떼 빠께-떼

❷ ¿Tiene alguna caja para el paquete?
띠에-네 알구-나 까-하 빠라 엘 빠께-떼

❸ Por favor, envuelva este paquete.
뽀-르 화보-르 엔부엘-바 에스떼 빠께-떼

❹ Quiero enviar por barco este paquete.
끼에-로 엔비아-르 뽀-르 바-르꼬 에스떼 빠께-떼

❺ Quiero enviar los 12 paquetes a Seúl.
끼에-로 엔비아-르 로스 도-쎄 빠께-떼스 아 세울-

❻ ¿Quiere asegurar el paquete?
끼에-레 아세구라-르 엘 빠께-떼

❼ Por favor, escriba "frágil" en el paquete.
뽀-르 화보-르 에스끄리-바 후라-힐 엔 엘 빠께-떼

앗! 단어장!

선편 : **por barco** (뽀-르 바-르꼬)

항공우편 : **por avión** (뽀-르 아비옹-)

취급주의 : **Frágil** (후라-힐)

❸ 공중전화 걸기!

❶ 공중전화는 어디에 있습니까?

❷ 이 전화로 국제전화를 걸 수 있습니까?

❸ 이 전화를 어떻게 겁니까?

❹ 한국의 국가번호를 가르쳐주시겠습니까?

❺ 이 번호로 전화거는 방법을 가르쳐주세요.

❻ 긴급입니다.

❼ 거기 541-9978번이 아닌가요?

8

❶ ¿Dónde está el teléfono público?
돈-데 에스따- 엘 뗄레-호노 뿌-블리꼬

❷ ¿Puedo llamar a otro país con este teléfono?
뿌에-도 이야마-르 아 오뜨로 빠이-스 꼰 에스떼
뗄레-호노

❸ ¿Cómo se usa este teléfono?
꼬-모 세 우사 에스떼 뗄레-호노

❹ ¿Puede decirme el prefijo de Corea?
뿌에-데 데씨-르메 엘 쁘레휘-호 데 꼬레-아

❺ Por favor, indíqueme cómo llamar a este número.
뽀-르 화보-르 인디-께메 꼬-모 이야마-르 아
에-스떼 누-메로

❻ Esta es una llamada urgente.
에스따 에스 우나 이야마-다 우르헨-떼

❼ ¿Es 541-9978?
에스 씽꼬 꽈뜨로 우노 누에베 누에베 시에떼 오초

④ 전화대화 표현!

❶ 여보세요. 거기가 123-4567입니까?

❷ 전화거신 분은 누구십니까?

❸ 저는 ~라고 합니다.

❹ 내선 351번 부탁합니다.

❺ ~씨를 바꿔 주세요.

❻ 미안합니다. 잘못 걸었습니다.

❼ 그는 지금 외출중입니다.

❽ 언제쯤 돌아옵니까?

❾ 저에게 전화해달라고 전해 주십시오.

❶ **Oiga, ¿es el 123-4567?**
오이가 에스 엘 우노 도스 뜨레스 꽈뜨로 씽꼬 세이스 시에떼

❷ **¿Quién habla?**
끼엔- 아-블라

❸ **Aquí habla ～.**
아끼- 아-블라 ～

❹ **Extensión número 351, por favor.**
엑스뗀씨온- 누-메로 뜨레스 씽꼬 우노 뽀-르 화보-르

❺ **Quisiera hablar con el señor (la señora, la señorita) ～.**
끼시에-라 아블라-르 꼰 엘 세뇨-르 (라 세뇨-라 라 세뇨리-따) ～

❻ **Lo siento, me equivoqué de número.**
로 시엔-또 메 에끼보께- 데 누-메로

❼ **No está en casa.**
노 에스따- 엔 까-사

❽ **¿Cuándo volverá?**
꾸안-도 볼베라-

❾ **Por favor, dígale que me telefonee.**
뽀-르 화보-르 디-갈레 께 메 뗄레휘네-에

⑤ 국제전화 걸기!

❶ 교환입니다. 무엇을 도와드릴까요?

❷ 한국으로 전화를 하고 싶습니다.

❸ 잠깐만 기다리세요.

❹ 지금 국제전화 교환원을 연결해 드리겠습니다.

❺ 한국의 서울로 직접 전화할 수 있습니까?

❻ 한국으로 국제전화를 걸고 싶습니다.

❼ 수신자부담으로 해주세요.

❽ 요금은 여기서 지불하겠습니다.

❶ **Telefonista, ¿en qué le puedo ayudar?**
뗄레호니-스따 엔 께 레 뿌에-도 아유다-르

❷ **Quisiera una conferencia telefónica con Corea.**
끼시에-라 우나 꼰훼렌-씨아 뗄레휘-니까 꼰 꼬레-아

❸ **Espere un momento.**
에스뻬-레 운 모멘-또

❹ **Ahora voy a conectarle con una telefonista internacional.**
아오-라 보이 아 꼬넥따-를레 꼰 우나 뗄레호니-스따 인떼르나씨오날-

❺ **¿Podría llamar directamente a Seúl, Corea?**
뽀드리-아 이야마-르 디렉따멘-떼 아 세울- 꼬레-아

❻ **Quiero hacer una llamada internacional a Corea.**
끼에-로 아쎄-르 우나 이야마-다 인떼르나씨오날- 아 꼬레-아

❼ **Por favor, cobre esta llamada al destinatario.**
뽀-르 화보-르 꼬-브레 에스따 이야마-다 알 데스띠나따-리오

❽ **Pagaré yo la tarifa.**
빠가레- 요 라 따리-화

❻ 호텔에서의 전화!

❶ 여보세요, 교환이죠?

❷ 한국으로 장거리전화를 부탁합니다.

❸ 콜렉트콜로 서울의 이은숙 양을 부탁합니다.

❹ 전화번호는 서울의 919-2828번 입니다.

❺ 선생님의 성함과 룸넘버를 말씀해 주세요.

❻ 저의 이름은 김민수이며, 303호실입니다.

❼ 끊지말고 잠시 기다려 주세요.

❶ Oiga, ¿es la telefonista?

오이가 에슬 라 뗄레호니-스따

❷ Quiero hacer una llamada a larga distancia a Corea.

끼에-로 아쎄-르 우나 이야마-다 아 라-르가 디스딴-씨아 아 꼬레-아

❸ Quiero hablar con la Srta. Eunsuk Lee de Seúl, con llamada a cobro revertido.

끼에-로 아블라-르 꼰 라 세뇨리-따 은숙 리 데 세울- 꼰 이야마-다 아 꼬-브로 레베르띠-도

❹ El número de teléfono es 919-2828 de Seúl.

엘 누-메로 데 뗄레-호노 에스 누에베 우노 누에베 도스 오초 도스 오초 데 세울-

❺ Deme su nombre y el número de su habitación.

데-메 수 놈-브레 이 엘 누-메로 데 수 아비따씨옹-

❻ Me llamo Minsu Kim de la habitación 303.

메 이야-모 민수 김 델 라 아비따씨옹- 뜨레스 쎄로 뜨레스

❼ No desconecte el teléfono y espere un momento.

노 데스꼬넥-떼 엘 뗄레-호노 이 에스뻬-레 운 모멘-또

➡ 우편 관련 단어표현

우체국	el correo	엘 꼬레-오
엽서	la tarjeta postal	
	라 따르헤-따 뽀스딸-	
편지지	el papel de carta	
	엘 빠뻴- 데 까-르따	
봉투	el sobre	엘 소-브레
발신인	el remitente	엘 레미뗀-떼
수신인	el destinatario	
	엘 데스띠나따-리오	
우체통	el buzón	엘 부손-
항공봉함 편지	el aerograma	엘 아에로그라-마
등기우편	el correo certificado	
	엘 꼬레-오 쎄르띠휘까-도	
속달	el correo urgente	
	엘 꼬레-오 우르헨-떼	
우표	el sello	엘 세-이요
선편	por barco	뽀-르 바-르꼬
항공우편	por avión	뽀-르 아비온-
소포	el paqueta postal	
	엘 빠께-떼 뽀스딸-	
취급주의	Frágil	후라-힐

➡ 전화 관련 단어표현

150

공중전화	**el teléfono público**
	엘 뗄레-호노 뿌-블리꼬
수화기	**el auricular** 엘 아우리꿀라-르
전화번호	**el número de teléfono**
	엘 누-메로 데 뗄레-호노
다이얼 판	**el disco** 엘 디-스꼬
구내전화선	**la llamada interna**
	라 이야마-다 인떼-르나
휴대전화	**el celular** 엘 쎌룰라-르
긴급전화	**la llamada urgente**
	라 이야마-다 우르헨-떼
시내통화	**la llamada urbana**
	라 이야마-다 우르바-나
장거리통화	**la llamada de larga distancia**
	라 이야마-다 데 라르가 디스딴-씨아
국제전화	**la llamda internacional**
	라 이야마-다 인떼르나씨오날-
국가번호	**el prefijo del país**
	엘 쁘레휘-호 델 빠이스-
지역번호	**el prefijo de área**
	엘 쁘레휘-호 데 아-레아
콜렉트콜	**la llamada a cobrar**
	라 이야마-다 아 꼬브라-르
보통통화	**la conferencia ordinaria**
	라 꼰훼렌-씨아 오르디나-리아
지명통화	**la conferencia de persona a**
persona	라 꼰훼렌-씨아 데 뻬르소-나 아 뻬르소-나

❼ 은행의 이용!

❶ 여행자수표를 현금으로 바꾸고 싶습니다.

❷ ~ 바꿔 주십시오.

❸ 여권 좀 보여주시겠습니까?

❹ 네, 여기 여행자 수표도 있습니다.

❺ 수표마다 서명해주시겠어요?

❻ 달러로 바꿔 주십시오.

❼ 잔돈도 섞어 주십시오.

❽ 달러를 ~화로 좀 바꾸려고 합니다.

❶ Por favor, cambie este cheque de viajero por dinero en efectivo.

뽀-르 화보-르 깜-비에 에스떼 체-께 데 비아헤-로
뽀-르 디네-로 엔 에훽띠-보

❷ Por favor, cámbieme ~.

뽀-르 화보-르 깜-비에메 ~

❸ ¿Puede presentarme su pasaporte?

뿌에-데 쁘레센따-르메 수 빠사뽀-르떼

❹ Sí, aquí está con los cheques de viaje.

씨 아끼- 에스따- 꼰 로스 체-께스 데 비아-헤

❺ Reembolse en cada cheque, por favor.

레엠볼-세 엔 까다 체-께 뽀-르 화보-르

❻ Por favor, cambie esto en dólares.

뽀-르 화보-르 깜-비에 에스또 엔 돌-라레스

❼ Quisiera también monedas pequeñas.

끼씨에-라 땀비엔- 모네-다스 뻬께-냐스

❽ Quiero cambiar estos dólares por ...

끼에-로 깜비아-르 에-스또스 돌-라레스 뽀-르 ...

⑧ 잔돈 바꾸기!

❶ 잔돈 좀 섞어 주세요.

❷ 달러를 ~화로 좀 바꾸려고 합니다.

❸ 얼마 바꾸시길 원하세요?

❹ 500불입니다.

❺ 잔돈으로 바꿀 수 있을까요?

❻ 어떻게 바꿔드릴까요?

❼ 1000유로 짜리 9장, 100유로 짜리 10개로 주십시오.

❽ 모두 동전으로 바꾸어 주세요.

❾ 5000유로를 달러로 교환해 주세요.

❶ **Quisiera también monedas pequeñas.**
끼시에-라 땀비엔- 모네-다스 뻬께-냐스

❷ **Quiero cambiar estos dólares por ...**
끼에-로 깜비아-르 에-스또스 돌-라레스 뽀-르

❸ **¿Cuánto quiere cambiar?**
꾸안-또 끼에-레 깜비아-르

❹ **500 dólares.**
끼니엔-또스 돌-라레스

❺ **¿Podría cambiar en monedas pequeñas?**
뽀드리-아 깜비아-르 엔 모네-다스 뻬께-냐스

❻ **Cómo le cambio?**
꼬-모 레 깜-비오

❼ **9 de 1,000 Euros, 10 de 100 Euros, por favor.**
누에베 데 밀 에우로스 디에스 데 씨엔 에우로스 뽀-르 화보-르

❽ **Cambie todo en monedas.**
깜-비에 또도 엔 모네-다스

❾ **Cambie este 5,000 Euros a dólares, por favor.**
깜-비에 에스떼 씽꼬 밀 에우로스 아 돌-라레스 뽀-르 화보-르

● 은행 관련 단어표현

한국어	스페인어	발음
환전소	la casa de cambio autorizada	라 까-사 데 깜-비오 아우또리싸-다
환전율	el tipo de cambio	엘 띠-뽀 데 깜-비오
잔돈	el cambio	엘 깜-비오
지폐	el billete	엘 비이예-떼
동전	la moneda	라 모네-다
여행자수표	el cheque de viajero	엘 체-께 데 비아헤-로
서명	la firma	라 휘-르마
바꾸다	cambiar	깜비아-르
달러	el dólar	엘 돌-라르
유로	el euro	엘 에우로
프랑	el franco	엘 후랑-꼬

9. 교통수단!

고속 열차와 버스, 비행기 등 스페인에는 배낭 여행객들이 편리하게 관광을 할 수 있도록 여러 교통 수단이 잘 짜여져 있습니다. 세계적인 관광의 나라, 스페인의 교통수단에 대해 간단하게 정리해 보도록 하겠습니다.

 ❶ 항공기의 이용!

이베리아 항공과 아비아코 항공이 마드리드와 바르셀로나를 중심으로 국내 주요 도시를 연결하고 있으며 요금은 다른 교통 수단에 비해 매우 비싼편입니다.

교통수단의 이용!

❷ 버스의 이용!

주요 도시는 물론 전국의 곳곳을 운행하며 요금도 저렴하므로 국내 여행을 하는데에 효과적인 교통 수단입니다. 티켓은 버스 터미널에서 구입할 수 있으며 평상시에는 출발 1시간 전에 미리 예약을 해야하며, 성수기에는 2일 전에 예매를 하는 것이 좋습니다.

❸ 철도의 이용!

스페인의 철도망은 총연장 13,00KM로 전국 각지에 걸쳐 연결되어 있는데 고속열차인 AVE를 비롯해 여러 종류의 국철과 사철로 이루어져 있습니다. 스페인의 국철인 RENFE는 스페인 국내를 여행하는데 가장 유용한 교통수단으로서 모든 기차는 1등석과 2등석으로 나누어져 있으며 식당칸이 붙어있는 경우도 있습니다. 기차의 종류로는 모든 역에서 멈추는 Regionales, 주요 도시와 근교를 연결하는 Cercanías, 도시간 장거리 주간 열차인 Diurno, 야간 열차 Estrella, 그리고 Intercity와 특급열차인 Talgo등이 있습니다. 티켓 구입과 예매는 역 구내, 시내 RENFE 사무소나 RENFE 지정 여행사에서 할 수 있으며 장거리 노선의 경우는 예매를 하는 것이 좋겠습니다. 승차권은 20분전까지 발권을 해야 하며 유레일 패스의 경우에도 사전에 예약을 하고 패스를 제시하여 무료 승차권을 받아야 합니다. 스페인 철도 이용시에 주의할 점이 있는데 장거리 열차의 경우 행선지가 다른 몇개가 연결되어 출발해서 도중에 객차가 다른 목적지로 떨어져 나가는 경우가 있으므로 사전에 반드시 객차에 기재되어 있는 행선지를 확인하여야 합니다.

❹ 선박의 이용!

국영선박회사인 Trasmediterranea가 본토와 발레아레스제도, 카나리아제도, 그리고 북부 아프리카를 연결하고 있는데 발레아레스제도와 북부 아프리카 항로는 매일 운항을 하며 카나리아 항로는 주 1회 운항하고 있습니다. 또한 해안선을 따라 위치한 관광명소마다 단거리 항로를 운항하는 개인 선박회사들도 있습니다.

✚ 렌터카의 이용!

이곳 사람들은 시내에서도 상당한 속력을 내서 운전을 하므로 관광객은 시내에서는 대중 교통을 이용하고 렌터카는 지방을 여행할 때 이용하는 것이 좋겠습니다. 스페인의 자동차도로를 이용하려면 자동차 종류와 거리에 따라 책정된 통행료를 지불해야 하며 도로에는 주유소와 바, 식당 등의 휴게소가 설치되어 있습니다. 차를 빌리려면 만 23세 이상, 운전 경력 1년 이상에 국제 운전면허증이 필요하고 대여료는 소형차의 경우 24시간에 40~45 EURO 정도입니다.

주유소는 셀프 서비스와 점원이 급유하는 곳 두 종류가 있으며 급유할 때에는 유연인지 무연인지를 정하고 급유량이나 가격을 정해서 하면 됩니다.

주차는 건물이나 노상에 있는 유료주차장을 이용하면 되는데 파란선 안에 차를 주차시키고 자동 판매기에서 티켓을 구입하면 됩니다. 요금은 보통 1시간에 1~2 EURO 정도입니다.

❶ 이 열차의 좌석을 예약하고 싶습니다.

❷ 좌석을 예약해야 합니까?

❸ 급행이 있습니까?

❹ 이 표를 취소해도 될까요?

❺ ~까지 가는 이등 편도표 1장 주십시오.

❻ ~가는 기차는 어느 역에서 떠납니까?

❼ 이 열차가 ~가는 것입니까?

❽ 몇 번 플랫폼에서 떠납니까?

❾ 어디에서 갈아탑니까?

❶ Quisiera resrvar un asiento en este tren.
끼시에-라 레세르바-르 운 아시엔-또 엔 에스떼 뜨렌-

❷ ¿Debo reservar el asiento?
데보 레세르바-르 엘 아시엔-또

❸ ¿Hay tren expreso?
아이 뜨렌- 엑스쁘레-소

❹ ¿Puedo cancelar este billete?
뿌에-도 깐쎌라-르 에스떼 비이예-떼

❺ Déme un billete de ida de segunda clase para ～.
데-메 운 비이예-떼 데 이-다 데 세군-다 끌라-세 빠라 ～

❻ ¿De qué estación sale el tren para ～ ?
데 께- 에스따씨온- 살-레 엘 뜨렌- 빠라

❼ ¿Este tren va a ～?
에스떼 뜨렌- 바 아

❽ ¿De qué andén sale el tren para ～?
데 께 안덴- 살-레 엘 뜨렌- 빠라

❾ ¿Dónde tengo que cambiar de tren?
돈-데 땡고 께 깜비아-르 데 뜨렌-

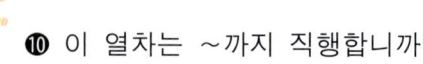

❷ 철도의 이용! 2.

❿ 이 열차는 ~까지 직행합니까?

⓫ 이 자리 비었습니까?

⓬ 여기는 제 자리입니다.

⓭ 지금 어디를 지나고 있습니까?

⓮ 다음 역은 어디입니까?

⓯ 이 열차는 ~에서 정차합니까?

⓰ 얼마간 정차합니까?

매표소 : **la taquilla** (라 따끼-이야)

시간표 : **el horario** (엘 오라-리오)

좌석 : **el asiento** (엘 아시엔-또)

앗! 단어장!

⑩ ¿Va este tren directamente a ～?
바 에스떼 뜨렌- 디렉따멘-떼 아 ～

⑪ ¿Está ocupado este asiento?
에스따- 오꾸빠-도 에스떼 아시엔-또

⑫ Creo que este asiento es el mío.
끄레-오 께 에스떼 아시엔-또 에스 엘 미-오

⑬ ¿Por dónde estamos pasando ahora?
뽀-르 돈-데 에스따-모스 빠산-도 아오-라

⑭ ¿Cuál es la estación siguiente?
꾸알- 에스 라 에스따씨온- 시기엔-떼

⑮ ¿Para ese tren en ～?
빠-라 에스떼 뜨렌- 엔 ～

⑯ ¿Cuánto tiempo para el siguiente tren?
꾸안-또 띠엠-뽀 빠-라 엘 시기엔테 뜨렌-

1등석 :	**la primera clase**
	(라 쁘리메-라 끌라-쎄)
2등석 :	**la segnda clase**
	(라 세군-다 끌라-쎄)

앗! 단어장!

❸ 버스의 이용! 1.

❶ ~가는 버스정류장은 어디입니까?

❷ 이 버스는 ~까지 갑니까?

❸ 시립공원 가는 버스입니까?

❹ ~까지 얼마입니까?

❺ 버스 안에서 차표를 살 수 있습니까?

❻ 국립대학교까지 표 두 장 주세요.

❼ 동물원행 버스는 언제 출발합니까?

정차 : **la parada** (라 빠라-다)

시내버스 : **el autobús urbano**

(엘 아우또부-스 우르바-노)

앗! 단어장!

❶ ¿Dónde está la parada del autobús para ～?
돈-데 에스따- 라 빠라-다 델 아우또부-스 빠-라 ～

❷ ¿Va este autobús hasta ～?
바 에스떼 아우또부-스 아스따 ～

❸ ¿Va este autobús al parque municipal?
바 에스떼 아우또부-스 알 빠-르께 무니씨빨-

❹ ¿Cuánto cuesta hasta ～?
꾸안-또 꾸에-스따 아스따 ～

❺ ¿Puedo comprar el billete en el autobús?
뿌에-도 꼼쁘라-르 엘 비이예-떼 엔 엘 아우또부-스

**❻ Dos billetes para la universidad nacional,
por favor.**
도스 비이예-떼 빠랄 라 우니베르시닫- 나씨오날-
뽀-르 화보-르

❼ ¿Cuándo sale el autobús para el zoo?
꾸안-도 살레 엘 아우또부-스 빠라 엘 소오

관광버스 : **el autobús de turismo**
(엘 아우또부-스 데 뚜리-스모)
장거리버스 : **el autobús de larga distancia**
| 앗! 단어장! | (엘 아우또부-스 데 라-르가 디스딴-씨아)

❽ 이 버스 ~에 갑니까?

❾ 다음 버스는 몇 시에 옵니까?

❿ 몇 시간 걸립니까?

⓫ 어디에서 갈아타야 합니까?

⓬ 다음 정거장에서 내립니다.

⓭ 여기가 제가 내려야할 곳인가요?

⓮ 여기서 내려 주십시오.

⓯ 다음 정거장에서 내리겠습니다.

⓰ 그곳에 도착하면, 저에게 좀 알려주세요.

❽ ¿Va este autobús a ...?
바 에스떼 아우또부-스 아 ...

❾ ¿A qué hora llega el próximo autobús?
아 께 오-라 이예-가 엘 쁘록-시모 아우또부-스

❿ ¿Cuántas horas tardarán?
꾸안-따스 오-라스 따르다란-

⓫ ¿Dónde debo cambiar de autobús?
돈-데 데보 깜비아-르 데 아우또부-스

⓬ Voy a bajar en la siguiente parada.
보이 아 바하-르 엔 라 시기엔-떼 빠라-다

⓭ ¿Es aquí donde debo bajar?
에스 아끼- 돈데 데보 바하-르

⓮ Por favor, déjeme bajar aquí.
뽀-르 화보-르 데-헤메 바하-르 아끼-

⓯ Voy a bajar en la próxima parada.
보이 아 바하-르 엔 라 쁘록-시마 빠라-다

⓰ Cuando lleguemos allí, avíseme por favor.
꾸안-도 이예게-모스 아이- 아비-세메 뽀-르 화보-르

⑤ 선박의 이용!

❶ ~가는 배를 타는 곳은 어디입니까?

❷ 1등선실을 예약하고 싶습니다.

❸ ~까지 가는 배를 이곳에서 탑니까?

❹ 승선시간은 몇 시 입니까?

❺ 언제 떠납니까?

❻ 몇 시간 걸립니까?

❼ 뱃멀미가 좀 납니다.

앗! 단어장!

부두 : **el muelle** (엘 무에-이예)
정박하다 : **anclar** (앙끌라-르)
정박지 : **el ancladero** (엘 앙끌라데-로)

❶ **¿Dónde está el muelle del barco para 〜?**
돈-데 에스따- 엘 무에-이예 델 바-르꼬 빠라 〜

❷ **Espero reservar una cabina en primera clase.**
에스뻬-로 레세르바-르 우나 까비-나 엔 쁘리메-라 끌라-세

❸ **¿Tomo el barco para ...?**
또-모 엘 바-르꼬 빠라 ...

❹ **¿A qué hora embarcamos?**
아 께 오-라 엠바르까-모스

❺ **¿Cuándo sale este barco?**
꾸안-도 살-레 에스떼 바-르꼬

❻ **¿Cuántas horas se tarda?**
꾸안-따스 오-라스 세 따-르다

❼ **Me siento algo mareado.**
메 시엔-또 알-고 마레아-도

선실 : **la cabina** (라 까비-나)
승선권 : **el boleto de embarque**
(엘 볼레-또 데 엠바-르께)

앗! 단어장! 항구 : **el puerto** (엘 뿌에-르또)

⑥ 지하철의 이용!

❶ 이 근처에 지하철역이 있습니까?

❷ 가장 가까운 지하철역은 어디입니까?

❸ 어디에서 표를 삽니까?

❹ 지하철 노선표 한 장 주십시오.

❺ 박물관은 지하철로 어떻게 갑니까?

❻ 시립도서관은 어디에서 갈아탑니까?

❼ 지하철 표 한 장 주십시오.

❽ 공원은 어디에서 내립니까?

❾ 시청에 가려면 몇 번 출구로 나가야 합니까?

❶ **¿Hay alguna estación de metro cerca de aquí?**
아이 알구-나 에스따씨온- 데 메-뜨로 쎄-르까 데 아끼-

❷ **¿Dónde está la estación de metro más cercana?**
돈-데 에스따- 라 에스따씨온- 데 메-뜨로 마스 쎄르까-나

❸ **¿Dónde puedo comprar el billete?**
돈-데 뿌에-도 꼼쁘라-르 엘 비이예-떼

❹ **Un billete, por favor.**
운 비이예-떼 뽀-르 화보-르

❺ **¿Cómo puedo ir al museo en metro?**
꼬-모 뿌에-도 이르 알 무세-오 엔 메-뜨로

❻ **¿Dónde debo cambiar de metro para ir a la biblioteca municipal?**
돈-데 데보 깜비아-르 데 메-뜨로 빠라 이르 알 라
비블리오떼-까 무니씨빨-

❼ **Un billete, por favor.**
운 비이예-떼 뽀-르 화보-르

❽ **¿Dónde bajo para ir al parque?**
돈-데 바호 빠라 이르 알 빠-르께

❾ **¿Por qué salida debo salir para ir al ayuntamiento?**
뽀-르 께- 살리-다 데보 살리-르 빠라 이르 알 아윤따미엔-또

7 택시의 이용!

❶ 택시 승차장은 어디입니까?

❷ (메모를 보이면서) 이 주소로 가 주십시오.

❸ 방송국으로 가주세요.

❹ 박물관까지 요금이 얼마정도 나옵니까?

❺ 거기까지 가는 데 얼마나 걸립니까?

❻ 빨리 좀 가 주세요. 좀 늦었는데요.

❼ 오른쪽으로 돌아주세요.

❽ 여기서 세워주세요.

❾ 요금은 얼마입니까?

❶ ¿Dónde está la parada de taxis?
돈-데 에스따- 라 빠라-다 데 딱-시스

❷ Lléveme a esta dirección.
이예-베메 아 에스따 디렉씨온-

❸ La emisora, por favor.
라 에미소-라 뽀-르 화보-르

❹ ¿Cuánto me costará hasta el museo?
꾸안-또 메 꼬스따라- 아스따 엘 무세-오

❺ ¿Cuánto tiempo se tarda para ir allí?
꾸안-또 띠엠-뽀 세 따-르다 빠라 이르 아이-

❻ Rápido, por favor. Estoy un poco retrasado.
라-삐도 뽀-르 화보-르 에스또이 운 뽀꼬 레뜨라사-도

❼ Doble a la derecha.
도-블레 알 라 데레-차

❽ Pare aquí, por favor.
빠-레 아끼- 뽀-르 화보-르

❾ ¿Cuánto es?
꾸안-또 에스

❽ 렌터카의 이용!

❶ 렌터카는 어디에서 빌립니까?

❷ 차를 빌리고 싶습니다.

❸ 어떤 차종이 있습니까?

❹ 이 차를 하루 쓰고 싶습니다.

❺ 요금표를 보여 주십시오.

❻ 하루에 얼마입니까?

❼ 보험에 들고 싶습니다.

❽ 보증금은 얼마입니까?

❾ 사고가 나면 어디에 연락합니까?

❶ ¿Dónde puedo alquilar un coche?
돈-데 뿌에-도 알낄라-르 운 꼬-체

❷ Quiero alquilar un coche.
끼에-로 알낄라-르 운 꼬-체

❸ ¿Qué tipo de coches tiene usted?
께-띠-뽀 데 꼬-체스 띠에-네 우스떼-드

❹ Quiero usar este coche por un día.
끼에-로 우사-르 에스떼 꼬-체 뽀-르 운 디-아

❺ Muéstreme la tarifa.
무에-스뜨레메 라 따리-화

❻ ¿Cuánto cuesta por un día?
꾸안-또 꾸에-스따 뽀-르 운 디-아

❼ Quiero contratar el seguro de accidentes.
끼에-로 꼰뜨라따-르 엘 세구-로 데 악씨덴-떼스

❽ ¿Cuánto es el depósito?
꾸안-또 에스 엘 데뽀-시또

❾ ¿A quién llamo en caso del accidente?
아 끼엔- 이야-모 엔 까소 델 악씨덴-떼

교통수단 관련 단어!

➡ 철도여행 관련 단어표현

열차	el tren	엘 뜨렌-
매표소	la taquilla	라 따끼-이야
시간표	el horario	엘 오라-리오
1등석	la primera clase	

라 쁘리메-라 끌라-쎄

2등석	la segnda clase	라 세군-다 끌라-쎄
좌석	el asiento	엘 아시엔-또
급행열차	el tren expreso	

엘 뜨렌- 엑스쁘레-소

개찰구	el torníquete	엘 또르니께-떼
편도기차표	el boleto de ida	

엘 볼레-또 데 이-다

왕복기차표	el boleto de ida y vuelta

엘 볼레-또 데 이-다 이 부엘-따

➡ 버스여행 관련 단어표현

시외버스터미널 **la terminal de los autobuses de cercanías**

라 떼르미날- 델 로스 아우또부-세스 데 쎄르까니-아스

버스정류장	la parada	라 빠라-다

시내버스	**el autobús urbano**	
	엘 아우또부-스 우르바-노	
관광버스	**el autobús de turismo**	
	엘 아우또부-스 데 뚜리-스모	
장거리버스	**el autobús de larga distancia**	
	엘 아우또부-스 데 라-르가 디스딴-씨아	
정차	**la parada**	라 빠라-다

● 선박여행 관련 단어표현

항구	**el puerto**	엘 뿌에-르또
여객선	**el barco de pasajeros**	
	엘 바-르꼬 데 빠사헤-로스	
부두	**el muelle**	엘 무에-이예
정박하다	**anclar**	앙끌라-르
정박지	**el ancladero**	엘 앙끌라데-로
선실	**la cabina**	라 까비-나
승선권	**el boleto de embarque**	
	엘 볼레-또 데 엠바-르께	
구명부낭	**los flotadores salvavidas**	
	로스 훌로따도-레스 살바비-다스	
구명동의	**el chaleco salvavidas**	
	엘 찰레-꼬 살바비-다스	

구명보트　　　**el bote salvavidas**
　　　　　　　엘 보-떼 살바비-다스

➡ 지하철 관련 단어표현

매표구　　　　**la taquilla**　　　라 따끼-이야
입구　　　　　**la entrada**　　　라 엔뜨라-다
출구　　　　　**la salida**　　　　라 살리-다
갈아타는 곳　　**la puerta de transbordo**
　　　　　　　라 뿌에-르따 데 뜨란스보-르도
개찰구　　　　**el turno**　　　　엘 뚜-르노

➡ 택시 관련 단어표현

택시승차장　　**la parada de taxis**
　　　　　　　라 빠라-다 데 딱-시스
택시　　　　　**el taxi**　　　　　엘 딱-시
택시기사　　　**el taxista**　　　엘 딱시-스따
택시요금　　　**la tarifa de taxi**
　　　　　　　라 따리-화 데 딱-시
미터계　　　　**el taxímetro**　　엘 딱시-메뜨로
거스름돈　　　**el cambio**　　　엘 깜-비오

178

| 화물요금 | **los gastos de transporte**
로스 가-스또스 데 뜨란스뽀-르떼 |

➡️ 렌터카 관련 단어표현

보증금	**el depósito**	엘 데뽀-시또
임대료	**el alquiler**	엘 알낄레-르
계약서	**el contrato**	엘 꼰뜨라-또
주유소	**la gasolinería**	라 가솔리네리-아
가솔린	**la gasolina**	라 가솔리-나
가득 채움	**lleno**	이예-노

교통지도	**el mapa de caminos** 엘 마-빠 데 까미-노스
고속도로	**la autopista** 라 아우또삐-스따
직행도로	**el camino directo** 엘 까미-노 디렉-또
주차장	**el aparcamiento** 엘 아빠르까미엔-또

| 일방통행 | **el camino del sentido único**
엘 까미-노 델 센띠-도 우-니꼬 |
| 추월금지 | **Prohibido adelantar**
쁘로이비-도 아델란따-르 |

교통수단 관련 단어!

통행금지	**Prohibido pasar**	
	쁘로이비-도 빠사-르	
주차금지	**Prohibido aparcar**	
	쁘로이비-도 아빠르까르	
공사중	**Obras**	오-브라스
서행	**Despacio**	데스빠-씨오

안전벨트 **el cinturón de seguridad**
엘 씬뚜론- 데 세구리닫-

십자교차로 **el cruce** 엘 끄루-쎄
T형교차로 **el cruce en forma de T**
엘 끄루-쎄 엔 호-르마 데 떼

자동차사고보험 **el seguro contra daños tráficos**
엘 세구-로 꼰-뜨라 다-뇨스 뜨라-휘꼬스
운전면허증 **el carnet de conducir**
엘 까르넷- 데 꼰두씨-르
국제면허증 **el permiso internacional**
de conducir
엘 뻬르미-소 인떼르나씨오날-
데 꼰두씨-르

10. 관광하기!

 ❶ 스페인 관광 정보!

스페인은 사계절이 명확하지만 국토가 넓어서 지역에 따라 큰 기후차를 보입니다. 남부 지방은 비교적 온난한 편이나 중북부 지방은 여름에 안달루시아 지방의 경우 45도까지 올라갈 정도로 덥고 겨울엔 또 추위가 심합니다. 따라서 스페인을 여행하기에는 5~6월이나 9월이 좋으며 남부 지방의 경우에는 날씨가 따뜻하므로 4월과 10월에도 관광하기에 무리가 없습니다.

● **마드리드**

이베리아 반도의 중앙에 위치하는 마드리드는 스페인의 수도로서 정치, 경제, 교육, 문화의 중심지입니다. 마드리드 시내는 세 지역으로 나눌 수 있는데 뿌에르따 델 솔 광장과 마요르 광장에 이르는 구시가지에는 레스토랑과 바가 많이 있으며 상업지구는 그란비아와 세라노 거리, 고야 거리 등의 주변으로서 백화점과 극장, 은행 등과 크고 작은 상점들이 들어서 있습니다. 카스테야나 거리는 신시가지로서 주택과 관청, 스포츠 센터, 외국공관 등이 모여 있습니다. 이곳의 주요 관광 명소로는 뿌에르따 델 솔 광장과 마요르 광장, 왕궁, 쁘라도 미술관 등이 있습니다.

● **바르셀로나**

2천년의 역사를 지닌 뛰어난 무역항이기도 한 바르셀로나는 마드리드에 이어 스페인 제 2의 도시입니다. 바르셀로나는 카탈루냐 지방의 중심 도시로서 피카소와 천재 건축가인 가우디가 활동한 예술의 도시이면서 또 국민 총생산의 20%를 차지하는 스페인 최대의 상공업 도시이기도 합니다. 도시는 구시가지와 신시가지로 나뉘어져 있는데 구시가지는 뿌에르따 데 라 빠스 광장에서 까딸루냐 광장까지로서 대사원을 중심으로 수많은 고딕 건축이 있어서 고딕 지구라고도 불립니다. 이곳의 람블라스 거리는 바르셀로나 시민들의 휴식처로서 꽃집과 카페테라스가 많이 있습니다. 신시가지는 19세기 말에 도시 계획에 의해 만들어진 곳으로 정돈된 거리와 현대적인 건물들이 많은데, 가우디의 성가

족 교회 등 바르셀로나 건축가들의 멋진 성당과 저택들이 있습니다. 이곳의 관광 명소로는 대사원과 자치통영관, 시청사 건물, 왕의 광장, 피카소 미술관, 성가족 교회, 몬쥬익 언덕 등이 있습니다.

● 세비야

안달루시아 지방의 최대의 도시로서 역사적으로나 예술적으로도 유명하며 지금은 상공업 도시로도 알려져 있습니다. 흥겨운 축제가 열리고 플라멩고와 투우가 곳곳에서 벌어지는 곳입니다. 세비야의 관광 명소로는 세비야대사원과 히랄다 탑, 알까사르성, 산따끄루스 지구, 마리아 루이사 공원 등이 있습니다.

● 코스타 델 솔

남스페인 안달루시아 지방이 지중해에 면하는 해안 약 300킬로의 지역을 코스타 델 솔이라 부르는데 태양의 해안이라는 뜻으로 1년 내내 기후가 따뜻하고 태양이 내리쬐어서 일조량이 부족한 북유럽인들에게 인기있는 휴양지입니다. 이곳의 중심가는 말라가로 피카소의 고향이기도 합니다. 그외에 관광 명소로는 마르베야와 토레몰리노스, 미하스, 론다 등이 있습니다.

● 톨레도

마드리드에서 남쪽으로 70킬로 되는 곳에 타호강에 둘러 싸여 서있는 고도, 톨레도는 중세의 모습이 그대로 보존되어 있습니다. 이곳의 관광 명소로는 톨레도대사원과 엘 그레코의 집, 산타크루스 미술관, 산토 토메 교회 등이 있습니다.

① 관광의 시작!

❶ 관광안내소는 어디 있습니까?

❷ 여행안내서를 주십시오.

❸ 시내지도 있습니까?

❹ 저는 ~을 보고 싶습니다.

❺ 저는 ~에 가보고 싶습니다.

❻ 어디에서 출발합니까?

❼ 표는 어디에서 삽니까?

❽ 야간 관광이 있습니까?

❾ 쇼나 연극을 볼 수 있는 코스가 있습니까?

❶ **¿Dónde está la oficina de información turística?**
돈-데 에스따- 라 오휘씨-나 데 인포르마씨옹- 뚜리-스띠까

❷ **Deme una guía turística.**
데-메 우나 기-아 뚜리-스띠까

❸ **¿Tiene un mapa de la ciudad?**
띠에-네 운 마-빠 델 라 씨우닫-

❹ **Deseo ver ~.**
데세-오 베르~

❺ **Quiero ir a ~.**
끼에-로 이르 아~

❻ **¿De dónde salimos?**
데 돈-데 살리-모스

❼ **¿Dónde puedo comprar el billete?**
돈-데 뿌에-도 꼼쁘라-르 엘 비이예-떼

❽ **¿Hay un programa de turismo nocturno?**
아이 운 쁘로그라-마 데 뚜리-스모 녹뚜-르노

❾ **¿Hay algún programa para ver exposiciones o teatro?**
아이 알군- 쁘로그라-마 빠라 베르 엑스뽀시씨오- 네스 오 떼아-뜨로

❷ 길 물어보기! 1.

❶ 미안합니다만, ~가는 길을 가르쳐주세요.

❷ 여기가 어디입니까?

❸ 이 거리를 뭐라고 부릅니까?

❹ 어느 쪽이 북쪽입니까?

❺ 지도상으로 제가 어디에 있는 건가요?

❻ 지하철역에는 어떻게 가야 하나요?

❼ 한국대사관이 어디 있는지 아십니까?

❽ 그곳까지 걸어갈 수 있나요?

❾ 화장실은 어디입니까?

❶ **Por favor, enséñeme el camino para ~.**
뽀-르 화보-르 엔세-녜메 엘 까미-노 빠라 ~

❷ **¿Dónde estamos ahora?**
돈-데 에스따-모스 아오-라

❸ **¿Cómo se llama esta calle?**
꼬-모 세 이-야마 에스따 까-이예

❹ **¿Dónde está el norte?**
돈-데 에스따- 엘 노-르떼

❺ **¿Dónde estoy ahora en el mapa?**
돈-데 에스또이 아오-라 엔 엘 마-빠

❻ **¿Cómo puedo ir a la estación del metro?**
꼬-모 뿌에-도 이르 알 라 에스따씨옹- 델 메-뜨로

❼ **¿Sabe usted dónde está la embajada de Corea?**
사베 우스떼-드 돈-데 에스따- 라 엠바하-다 데 꼬레-아

❽ **¿Es posible caminar hasta allí?**
에스 뽀씨-블레 까미나-르 아스따 아이-

❾ **¿Dónde está el servicio?**
돈-데 에스따- 엘 세르비-씨오

❸ 길 물어보기! 2.

❿ ~호텔은 여기서 멉니까?

⓫ 도착하는데 얼마나 걸릴까요?

⓬ 저것은 무슨 건물입니까?

⓭ 어떻게 가야 합니까?

⓮ 저는 이곳이 초행입니다.

⓯ 여기에 약도를 그려 주십시오.

⓰ 똑바로 가면 됩니까?

⓱ 현재 위치를 가르쳐 주십시오.

⓲ 감사합니다. 그쪽으로 가보겠습니다.

❿ ¿Está el Hotel~ lejos de aquí?
에스따- 엘 오뗄~ 레-호스 데 아끼-

⓫ ¿Cuánto tiempo se tarda en llegar?
꾸안-또 띠엠-뽀 세 따-르다 엔 이예가-르

⓬ ¿Qué es ese edificio?
께- 에스 에-세 에디휘-씨오

⓭ ¿Cómo puedo ir?
꼬-모 뿌에-도 이르

⓮ Soy nuevo aquí.
소이 누에-보 아끼-

⓯ Por favor, dibújeme aquí un pequeño plano.
뽀-르 화보-르 디부-헤메 아끼- 운 뻬께-뇨 쁠라-노

⓰ ¿Tengo que ir derecho?
땡-고 께 이르 데레-초

⓱ Por favor, indíqueme dónde estamos ahora.
뽀-르 화보-르 인디-께메 돈-데 에스따-모스 아오-라

⓲ Gracias. Me voy por allí.
그라-씨아스 메 보이 뽀-르 아이-

④ 기념사진 찍기!

❶ 사진 좀 찍어주세요.

❷ 셔터 좀 눌러 주시겠어요?

❸ 됐습니다. 찍으세요.

❹ 그럼 찍습니다.

❺ 당신 사진을 찍어도 됩니까?

❻ 여기서 사진을 찍어도 됩니까?

❼ 나와 함께 사진을 찍어 주시겠어요?

❶ Por favor, apriete el botón.
뽀-르 화보-르 아쁘리에-떼 엘 보똔-

❷ ¿Podría apretar el botón del obturador?
뽀드리-아 아쁘레따-르 엘 보똔- 델 옵뚜라도-르

❸ Está bien. Pulse el botón.
에스따- 비엔 뿔-세 엘 보똔-

❹ Bueno, voy a tomar.
부에-노 보이 아 또마-르

❺ ¿Me permite tomarle una foto?
메 뻬르미-떼 또마-를레 우나 훠-또

❻ ¿Puedo sacar fotos aquí?
뿌에-도 사까-르 훠-또스 아끼-

❼ ¿Seria inconveniente en sacarse una foto conmigo?
세리-아 인꼰베니엔-떼 엔 사까-르세 우나 훠-또 꼼미-고

관광 관련 단어!

➡ 사진 관련 단어표현

한국어	스페인어	발음
현상하다	revelar	레벨라-르
컬러필름	el rollo de color	엘 로-이요 데 꼴로-르
슬라이드 필름	el rollo de diapositiva	엘 로-이요 데 디아뽀시띠-바
건전지	la pila	라 삘-라
사진촬영 금지	Prohibido fotografiar	쁘로이비-도 호또그라휘아-르
프래쉬 금지	Prohibido flash	쁘로이비-도 홀라-쉬
흑백필름	el rollo en blanco y negro	엘 로-이요 엔 블랑-꼬 이 네-그로

➡ 관광 관련 단어표현

한국어	스페인어	발음
관광	el turismo	엘 뚜리-스모
명승지	el lugar pintoresco	엘 루가-르 삔또레-스꼬
박물관	el museo	엘 무세-오
화랑	la galería	라 갈레리-아
성	el castillo	엘 까스띠-이요
궁전	el palacio	엘 빨라-씨오

교외	las zonas residenciales de las afueras de una ciudad

라스 소-나스 레시덴씨알-레스 델
라스 아후에-라스 데 우나 씨우닫-

시내중심	el centro de la ciudad

엘 쎈-뜨로 데 라 씨우닫-

공원	el parque	엘 빠-르께
유원지	el parque de atracciones	

엘 빠-르께 데 아뜨락씨오-네스

축제	la fiesta	라 휘에-스따
행사	el programa de atracciones	

엘 쁘로그라-마 데 아뜨락씨오-네스

특별행사	los actos especiales

로스 악-또스 에스뻬씨알-레스

➡ 시내관광 관련 단어표현

동쪽	el este	엘 에-스떼
서쪽	el oeste	엘 오에-스떼
남쪽	el sur	엘 수-르
북쪽	el norte	엘 노-르떼
이쪽	este lado	에-스뗄 라-도
저쪽	aquel lado	아깰- 라-도
앞	adelante	아델란-떼

관광 관련 단어!

옆	**al lado**	알 라-도
안쪽	**dentro**	덴-뜨로
바깥쪽	**fuera**	후에-라
오른쪽	**lado derecho**	라-도 데레-초
왼쪽	**lado izquierdo**	
		라-도 이스끼에-르도
곧장	**en directo**	엔 디렉-또
도로	**el camino**	엘 까미-노
보도	**la acera**	라 아쎄-라
사거리	**el cruce**	엘 끄루-쎄
건널목	**el paso a nivel**	엘 빠-소 아 니벨-
횡단보도	**el paso para peatones**	
		엘 빠-소 빠라 뻬아또-네스
버스정류장	**la parada de autobuses**	
		라 빠라-다 데 아우또부-세스
택시승차장	**la parada de taxis**	
		라 빠라-다 데 딱-시스
지하철역	**la estación del metro**	
		라 에스따씨온- 델 메-뜨로
기차역	**la estación de ferrocarril**	
		라 에스따씨온- 데 훼로까릴-
시장	**el mercado**	엘 메르까-도
상가	**las tiendas**	라스 띠엔-다스
광장	**la plaza**	라 쁠라-사
공원	**el parque**	엘 빠-르께

주의!	**¡Cuidado!**	꾸이다-도
위험!	**Peligro**	뻴리-그로
경고!	**Advertencia**	아드베르뗀-씨아
공사중	**En construcción**	
		엔 꼰스뜨룩씨온-
계단이용!	**Use la escalera**	
		우셀- 라 에스깔레-라
고장!	**Roto**	로또
출입금지!	**Prohibida la entrada**	
		쁘로이비-다 라 엔뜨라다
통행금지!	**¡Prohibido pasar!**	
		쁘로이비-도 빠사-르
영업중	**Abierto**	아비에-르또
폐점	**Cerrado**	쎄라-도
미시오!	**¡Empujar!**	엠뿌-하르
당기오!	**¡Tirar!**	띠라-르
입구	**Entrada**	엔뜨라-다
출구	**Salida**	살리-다
비상구	**Salida de emergencia**	
		살리-다 데 에메르헨-씨아
화장실	**el aseo**	엘 아세-오
공중변소	**el aseo público**	
		엘 아세-오 뿌-블리꼬
남자용	**Caballeros**	까바이예-로스
여자용	**Señoras**	세뇨-라스

⑤ 공연의 관람! 1.

❶ 몇 시 표가 있습니까?

❷ 입장료는 얼마입니까?

❸ 일반표 2장 주세요.

❹ 가장 싼 좌석으로 2장 주십시오.

❺ 오늘 좌석이 아직 있습니까?

❻ 영화관은 어디에 있습니까?

❼ ~을 보고 싶습니다.

❽ ~은 어디서 볼 수 있습니까?

❾ 지금 뭘 하고 있습니까?

❶ **¿Para qué hora hay entradas?**
빠라 께- 오-라 아이 엔뜨라-다스

❷ **¿Cuánto cuesta la entrada?**
꾸안-또 꾸에-스따 라 엔뜨라-다

❸ **Dos entradas, por favor.**
도스 엔뜨라-다스 뽀-르 화보-르

❹ **Dos entradas de las más baratas, por favor.**
도스 엔뜨라-다스 델 라스 마-스 바라-따스 뽀-르 화보-르

❺ **¿Todavía hay entradas para hoy?**
또다비-아 아이 엔뜨라-다스 빠라 오이

❻ **¿Dónde está el cine?**
돈-데 에스따- 엘 씨-네

❼ **Quiero ver ~.**
끼에-로 베르

❽ **¿Dónde puedo ver ~?**
돈-데 뿌에-도 베르

❾ **¿Qué obra teatral están dando ahora?**
께 오-브라 떼아뜨랄- 에스딴- 단-도 아오-라

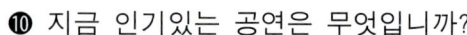

❻ 공연의 관람! 2.

❿ 지금 인기있는 공연은 무엇입니까?

⓫ 누가 출연하고 있습니까?

⓬ 며칠까지 상연합니까?

⓭ 입구는 어디입니까?

⓮ 개막(종막)은 몇 시입니까?

⓯ 몇 시에 끝납니까?

⓰ 팜플렛이 있습니까?

앗! 단어장!

음악회 : **el concierto** (엘 꼰시에-르또)

연극 : **la obra de teatro**

(라 오브라 데 떼아-뜨로)

10

⑩ ¿Cuál es la obra teatral de mayor popularidad en este momento?

꾸알- 에슬- 라 오-브라 떼아뜨랄- 데 마요-르
뽀뿌라리다드 엔 에스떼 모멘-또

⑪ ¿Quiénes son los actores?

끼에-네스 손 로스 악또-레스

⑫ ¿Hasta cuándo dan esta obra teatral?

아스따 꾸안-도 단 에스따 오-브라 떼아뜨랄-

⑬ ¿Dónde está la entrada?

돈-데 에스따- 라 엔뜨라-다

⑭ ¿A qué hora empieza (termina) la función?

아 께- 오-라 엠삐에-싸 (떼르미-나) 라 훈씨온-

⑮ ¿A qué hora termina?

아 께- 오-라 떼르미-나

⑯ ¿Tiene los folletos?

띠에-네 로스 호이에-또스

앗! 단어장!

오페라 : **la ópera** (라 오-뻬라)

영화 : **la película** (라 뻴리-꿀라)

영화관 : **el cine** (엘 씨-네)

❼ 나이트 클럽!

❶ 디스코텍에 가고 싶습니다.

❷ 근처에 디스코텍이 있습니까?

❸ 몇 시에 엽니까?

❹ 입장료는 얼마입니까?

❺ 입장료가 포함된 것입니까?

❻ 음료수 값은 별도입니까?

❼ 저와 춤추시겠습니까?

앗! 단어장!

나이트 클럽 : **el club nocturno**

(엘 끌룹- 녹뚜-르노)

디스코텍 : **la discoteca** (라 디스꼬떼-까)

❶ Quiero ir a la discoteca.
끼에-로 이르 알 라 디스꼬떼-까

❷ ¿Hay alguna discoteca cerca de aquí?
아이 알구-나 디스꼬떼-까 쎄-르까 데 아끼-

❸ ¿A qué hora abre?
아 께- 오-라 아-브레

❹ ¿Cuánto cuesta la entrada?
꾸안-또 꾸에-스따 라 엔뜨라-다

❺ ¿Están incluidas las entradas en el precio de este recorrido?
에스딴- 잉끌루이다스 라스 엔뜨라-다스 엔
엘 쁘레-시오 데 에스떼 레꼬리-도

❻ ¿No está incluida la bebida?
노 에스따- 잉끌루이다 라 베비-다

❼ ¿Quiere bailar conmigo?
끼에-레 바일라-르 꼼미-고

댄스홀 : **la sala de baile**

(라 살-라 데 바-일레)

앗! 단어장!

매표소 : **la taquilla** (라 따끼-이야)

⑧ 스포츠 즐기기!

❶ 어떤 운동을 좋아하십니까?

❷ 야구를 제일 좋아합니다.

❸ 저는 ~팀의 열렬한 팬입니다.

❹ 내 취미는 수영입니다.

❺ 배구 시합을 보고 싶습니다.

❻ 누구와 누구의 시합이 펼쳐집니까?

❼ ~을 하고 싶습니다.

❽ 골프 클럽에 들고 싶습니다.

❾ 말을 타고 싶습니다.

❶ ¿Cuál es su deporte favorito?
꾸알- 에스 수 데뽀-르떼 화보리-또

❷ Prefiero el béisbol.
쁘레휘에-로 엘 베-이스볼

❸ Yo soy aficionado del equipo ...
요 소이 아휘씨오나-도 델 에끼-뽀 ...

❹ Me gusta mucho nadar.
메 구-스따 무-초 나다-르

❺ Quiero ver el partido de bóleibol.
끼에-로 베르 엘 빠르띠-도 데 볼-레이볼

❻ ¿Qué equipos juegan?
께- 에끼-뽀스 후에-간

❼ Quiero ～.
끼에-로 ～

❽ Quiero ingresar en el club de golf.
끼에-로 잉그레사-르 엔 엘 끌룹- 데 골-프

❾ Quiero montar a caballo.
끼에-로 몬따-르 아 까바-이요

오락 관련 단어!

➡ 오락 관련 단어표현

음악회	el concierto	엘 꼰시에-르또
연극	la obra de teatro	
	라 오-브라 데 떼아-뜨로	
뮤지컬	la comedia musical	
	라 꼬메-디아 무시깔-	
오페라	la ópera	라 오-뻬라
영화	la película	라 뻴리-꿀라
영화관	el cine	엘 씨-네
발레	el ballet	엘 발렛
댄스홀	la sala de baile	
	라 살-라 데 바-일레	
나이트 클럽	el club nocturno	
	엘 끌룹- 녹뚜-르노	
디스코텍	la discoteca	라 디스꼬떼-까
매표소	la taquilla	라 따끼-이야
예매권	el billete de reserva anticipada	
	엘 비이예-떼 데 레세-르바 안띠씨빠-다	
어른	el adulto	엘 아둘-또
어린이	el niño	엘 니-뇨
학생	el estudiante	엘 에스뚜디안-떼
만원	Lleno	이예-노
공연	el espectáculo	엘 에스빽따-꿀로
휴식시간	el descanso	엘 데스깐-소

➡ 스포츠 관련 단어표현

축구	**el fútbol**	엘 훗-볼
야구	**el béisbol**	엘 베-이스볼
수영	**la natación**	라 나따씨온-
수영장	**la piscina**	라 삐씨-나
테니스	**el tenis**	엘 떼-니스
테니스 코트	**la pista de tenis**	
	라 삐-스따 데 떼니-스	
캠핑	**el camping**	엘 깜-뻥
등산	**el montañismo**	엘 몬따니-스모
낚시	**la pesca**	라 뻬-스까
보트	**el bote**	엘 보-떼
스키	**el esquí**	엘 에스끼-
스케이트	**el patín**	엘 빠띤-
싸이클링	**el ciclismo**	엘 씨끌리-스모
자전거 대여	**alquiler una bicicleta**	
	알낄레-르 우나 비씨끌레-따	
골프	**el golf**	엘 골프
골프장	**el campo de golf**	
	엘 깜-뽀 데 골-프	

✚ 관광 오락 정보!

● **투우** : 플라멩고와 함께 스페인 사람들의 인생철학이 깊게 베어있는 그들만의 독특한 문화인 투우는 본래 목축업의 번성을 기원하면서 황소를 재물로 바치는 의식에서 유래하였으나 도중에 그러한 종교적 의미는 사라지고 17세기 말까지는 궁중 귀족들의 스포츠로 발달하다가 18세기 이후에 서민들의 경기로 대중화 되었습니다. 투우의 시즌은 3~10월로 본격적인 시즌은 6~9월입니다. 투우 경기는 보통 일요일이나 축제일의 15:00~17:00 정도에 시작되며 티켓은 투우장에서 직접 구입하거나 호텔 또는 시내의 매표소에서 구입할 수 있고 요금은 좌석에 따라 3 EURO 에서 90 EURO까지 다양합니다.

● **플라멩고** : 플라멩고는 원래 안달루시아 지방의 무용 음악이었던 것으로서 오늘날에는 스페인의 대표적인 민속 음악으로 인정받고 있으며, 이것은 노래인 Cante, 기타연주인 Guitarra 그리고 플라멩고 춤인 Baile로 구성되어 있습니다. 플라멩고는 전용 공연장이 마련된 술집에서 보통 공연되는데 시간도 매우 늦어서 빠르면 밤 10시, 일반적으로 11시 이후에 시작되어서 새벽 3~4시가 되어야 끝이 납니다. 입장료는 3 EURO에서 40 EURO까지 공연의 수준에 따라 다르며, 수준이 높은 공연은 마드리드와 안달루시아에서 감상할 수 있습니다.

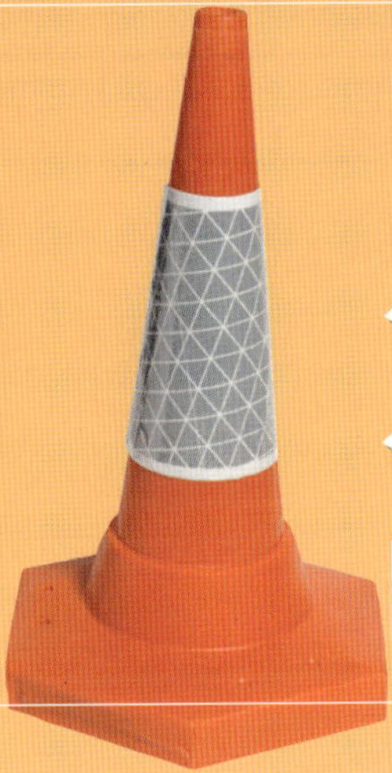

11. 사고 상황의 대처!

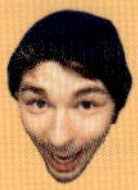

11. 사고상황의 대처!

❶ 문제상황의 발생!

어느 나라에서든 소매치기와 도난 사고가 자주 있으므로 야간에 역 주변을 혼자 배회하는 행동 등은 삼가하는 것이 좋습니다. 빈번하게 도난사고가 일어나는 장소로는 주로 공항과 역 주변, 인적이 드문 화장실과 코인 로커, 기차 안 등입니다. 짐이 여러개일 경우에는 도난당하기 쉬우므로 조심하고 여권과 현금은 남의 눈에 띄지 않도록 하며 귀중품은 호텔의 안전 박스에 보관하도록 합니다. 또 야간 기차를 탑승할 경우 혼자서 이용하지 않도록 하며 모르는 사람이 주는 과자나 음료수 등은 먹지 않도록 합니다. 수면제가 들어 있을 수 있습니다.

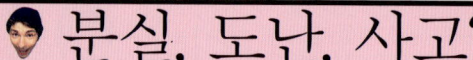

분실, 도난, 사고?

외국 여행시 분실 도난사고에 대비해서 다음의 것들을 메모하여 따로 보관하도록 합니다.

- **여권과 비자** : 여권 번호, 발행일, 발행지, 유효 기간, 여행지의 한국공관 연락처 (여권의 사진이 있는 부분을 복사해 둠)
- **여행자수표** : 수표의 일련 번호, 구입일, 한국과 현지의 은행 연락처
- **신용카드** : 카드 번호, 한국과 현지의 발급처와 분실 신고 연락처
- **해외 여행자 보험** : 보험증 번호, 계약 연월일
- **항공권** : 항공권 번호, 발행일, 항공사 연락처

❷ 분실 도난사고시!

ⓐ **여권을 분실했을 때** :

여권을 분실해 재발급을 받으려면 상당한 시간이 소요됩니다. 전체 여행에 차질을 빚을 수 있으므로 가능한 한 빨리 한국대사관이나 총영사관에 연락한 후 '여행자증명서'를 발급 받도록 합니다. 여권 및 여행자 증명서를 재발급 받기 위한 구비서류로는 ① 여권 도난 / 분실 증명서 (현지 경찰 발급), ② 일반여권 재발급신청서 2통, ③ 신분증, ④ 사진 2매, ⑤ 분실한 여권의 번호와 교부일자 등을 준비해야 합니다.

ⓑ **여행자수표를 분실했을 때** :

재발행은 두 번째의 사인을 하지 않은 미사용분만 가능합니다. 재발행을 위해서는 ① 분실증명서(경찰서에서 발급), ② 발행 증명서(구입시 은행에서 준 것), ③ 여권이나 운전면허증 등의 신분증을 지참하고 발행 은행의 현지 지점으로 가시면 됩니다.

11

ⓒ 항공권을 분실했을 때 :

발권 항공사의 대리점으로 가서 재발급 신청을 합니다. ① 항공권번호, ② 발권일자, ③ 구간, ④ 복사본이 있으면 편리하며, 소요시간은 약 1주일정도 걸립니다. 시간이 촉박할 때는 일단 새로 비행기표를 사고, 나중에 환불 받는 방법을 취하도록 합니다.

ⓓ 크레디트카드를 분실했을 때 :

카드발행회사에 즉시 신고합니다. 보통 지갑과 함께 잃어버려 현금과 다른 신분증을 함께 잃어 버리는 경우가 많은데 이를 위해 현금과 카드는 분산해서 소지하고 한국으로부터 송금받을 경우에 대해서도 대비를 하도록 합니다.

ⓔ 배낭 또는 기타 물건을 분실했을 때 :

가방을 분실하거나 도난 당했을 경우, 인근 경찰서에서 분실 증명서를 발급 받아야 합니다. 보험 가입자의 경우 귀국 후 보험청구시에 반드시 필요한 서류가 됩니다. 그리고 항공기의 운송사고의 경우는 사고보상에 따른 일체를 항공사가 배상합니다.

❸ 질병에 대한 대비

여행지에서는 무리한 여행 일정과 여행지의 기후 변화 등으로 컨디션에 무리가 오기 쉽습니다. 따라서 그러한 경우에 대비해서 비상 상비약 정도는 한국에서 미리 준비해 오도록 합니다.

❶ 분실사고시! 1.

❶ 여권을 분실했습니다.

❷ ~을 도난 당했습니다.

❸ 택시에 ~을 두고 내렸습니다.

❹ 여행자 수표를 잃어버렸어요.

❺ 어제 지하철에서 소매치기 당했습니다.

❻ 도난 증명서를 만들어 주십시오.

❼ 한국대사관에 연락해 주십시오.

❽ 한국대사관은 어떻게 갑니까?

11

❶ **He perdido mi pasaporte.**
에 뻬르디-도 미 빠사뽀-르떼

❷ **Me han robado ～.**
메 안 로바-도 ～

❸ **Dejé en el taxi ～.**
데헤- 엔 엘 딱-시 ～

❹ **He perdido los cheques de viajero.**
에 뻬르디-도 로스 체-께스 데 비아헤-로

❺ **Ayer me robaron en el metro.**
아예-르 메 로바-론 엔 엘 메-뜨로

❻ **Por favor, hágame un certificado de robo.**
뽀-르 화보-르 아-가메 운 쎄르띠휘까-도 데 로-보

❼ **Por favor, manténgase en contacto con la embajada de Corea.**
뽀-르 화보-르 만뗑-가세 엔 꼰딱-또 꼰 라 엠바하-다 데 꼬레-아

❽ **¿Cómo puedo ir a la embajada de Corea?**
꼬-모 뿌에-도 이르 알 라 엠바하-다 데 꼬레-아

❷ 분실사고시! 2.

❿ 어디서 그것을 재발행 받을 수 있습니까?

⓫ 재발행 해 주시겠습니까?

⓬ 오늘 재발행됩니까?

⓭ 누구한테 알리는게 좋습니까?

⓮ 분실물계는 어디입니까?

⓯ 이 전화번호로 연락주세요.

⓰ 어디로 찾으러 가면 되죠?

여권 : **el pasaporte** (엘 빠사뽀-르떼)

재발행하다 : **reimprimir**

(레임쁘리미-르)

앗! 단어장!

❿ **¿Dónde me los reemitirán?**
돈-데 멜 로스 레에미띠란-

⓫ **¿Podría emitirlos de nuevo?**
뽀드리-아 에미띠-를로스 데 누에-보

⓬ **¿Me los emitirán de nuevo hoy?**
멜 로스 에미띠란- 데 누에-보 오이

⓭ **¿Con quién tengo que comnuicar?**
꼰 끼엔- 땡-고 께 꼬무니까-르

⓮ **¿Dónde está la oficina de objetos perdidos?**
돈-데 에스따- 라 오휘씨-나 데 오브헤-또스 뻬르디-도스

⓯ **Llámeme a este número.**
이야-메메 아 에스떼 누-메로

⓰ **¿Dónde puedo recogerlos?**
돈-데 뿌에-도 레꼬헤-를로스

분실증명서 : **el certificado de pédida**
(엘 쎄르띠휘까-도 데 뻬-르디다)

발행증명 : **el certificado de emisión**)
(엘 쎄르띠휘까-도 데 에미시온-)

앗! 단어장!

❸ 사고의 신고!

❶ 여보세요. 경찰서죠?

❷ 경찰서 좀 대 주세요.

❸ 제 지갑을 소매치기 당했어요.

❹ 자동차 사고를 신고하고자 합니다.

❺ 화재발생 신고를 하려 합니다.

❻ 여기 부상자 한 사람이 있습니다.

❼ 그의 머리에서 피가 납니다.

❽ 앰뷸런스를 좀 불러주세요.

❾ 차가 고장났습니다.

❶ **Oiga, ¿es comisaría?**
오이가 에스 꼬미사리-아

❷ **La comisaría, por favor.**
라 꼬미사리-아 뽀르 화보-르

❸ **Me han robado la cartera.**
메 안 로바-도 라 까르떼-라

❹ **Quiero avisarles de un accidente de tráfico.**
끼에-로 아비사-를레스 데 운 악씨덴-떼 데 뜨라-휘꼬

❺ **Quiero avisarles de un incendio.**
끼에-로 아비사-를레스 데 운 인쎈-디오

❻ **Aquí hay un herido.**
아끼- 아이 운 에리-도

❼ **Le sale sangre de la cabeza.**
레 살-레 상-그레 델 라 까베-사

❽ **Llame a una ambulancia.**
이야-메 아 우나 암불란-씨아

❾ **No funciona el coche.**
노 훈씨오-나 엘 꼬-체

❹ 긴급! 간단표현!

❶ 응급상황입니다!

❷ 120(구급차)으로 전화해주세요.

❸ 경찰을 불러 주세요!

❹ 도둑이다!

❺ 불이야!

❻ 도와주세요!

❼ 조심해요!

❽ 엎드려!

❾ 비켜요!

❶ ¡Emergencia!
에메르헨-씨아

❷ Llame a 120, por favor.
이야-메 아 씨엔또 베인데 뽀-르 화보-르

❸ Llame a la policía, por favor.
이야-메 알 라 뽈리씨-아 뽀-르 화보-르

❹ ¡Ladrón!
라드론-

❺ ¡Incendio!
인쎈-디오

❻ ¡Socorro!
소꼬-로

❼ ¡Cuidado!
꾸이다-도

❽ ¡Agáchense!
아가-첸세

❾ ¡Apártense!
아빠-르뗀세

⑤ 병원 치료!

❶ 병원에 데려다 주세요.

❷ 구급차를 불러 주세요.

❸ 의사를 불러 주세요.

❹ 여기에 통증이 있습니다.

❺ 머리가 아픕니다. / 오한이 납니다.

❻ 현기증이 납니다. / 토할 것 같습니다.

❼ 설사를 합니다.

❽ 다리가 부러졌습니다.

❾ 여행을 계속해도 됩니까?

11

❶ Lléveme al hospital, por favor.
이예-베메 알 오스삐딸- 뽀-르 화보-르

❷ Llame a la ambulancia, por favor.
이야-메 알 라 암불란-씨아 뽀-르 화보-르

❸ Llame a un médico, por favor.
이야-메 아 운 메-디꼬 뽀-르 화보-르

❹ Me duele aquí.
메 두엘-레 아끼-

❺ Tengo dolor de cabeza. / Siento escalofríos.
뗑-고 돌로-르 데 까베-싸 / 시-엔또 에스깔로후리-오스

**❻ Me encuentro mareado.
/ Tengo ganas de vomitar.**
메 엔꾸엔-뜨로 마레아-도 / 뗑-고 가-나스 데 보미따-르

❼ Tengo diarrea.
뗑-고 디아레-아

❽ Me he roto la pierna.
메 헤 로-또 라 삐에-르나

❾ ¿Puedo continuar mi viaje?
뿌에-도 꼰띠누아-르 미 비아-헤

⑥ 약국의 처방!

❶ 이 처방대로 약 좀 주세요.

❷ 감기약 좀 주십시오.

❸ 두통약을 좀 주세요.

❹ 소화제를 좀 주세요.

❺ 하루에 약을 몇 회나 복용합니까?

❻ 이 약을 하루 3번 식후에 드세요.

❼ 처방전 없이 이 약은 드실 수 없습니다.

앗! 단어장!

약국: **la farmacía** (라 화르마씨-아)
처방전: **la receta** (라 레쎄-따)
탈지면: **el algodón absorbente**
(엘 알고돈- 압소르벤-떼)

11

❶ Por favor, déme la medicina de esta receta.
뽀-르 화보-르 데-메 라 메디씨-나 데 에스따 레쎄-따

❷ Deme la medicina para el resfriado.
데-멜 라 메디씨-나 빠라 엘 레스후리아-도

❸ Deme la medicina para el dolor de cabeza.
데-멜 라 메디씨-나 빠라 엘 돌로-르 데 까베-사

❹ Deme la medicina para la digestión.
데-멜 라 메디씨-나 빠라 라 디헤스띠옹-

❺ ¿Cuántas veces toma la medicina al día?
꾸안-따스 베-쎄스 또-마 라 메디씨-나 알 디-아

❻ Tome tres veces al día esta medicina.
또-메 뜨레스 베-쎄스 알 디-아 에스따 메디씨-나

❼ No puede tomar esta medicina sin receta.
노 뿌에-데 또마-르 에스따 메디씨-나 씬 레세-따

반창고: **el esparadrapo**
(엘 에스빠라드라-뽀)

머큐롬: **la tintura de yodo**
(라 띤뚜-라 데 요-도)

앗! 단어장!

✚ 사고상황 관련 단어!

➡ 사고 관련 단어표현

경찰서	**la comisaría**	라 꼬미사리-아
여권	**el pasaporte**	엘 빠사뽀-르떼
지갑	**la billetera**	라 비이예떼-라
현금	**el efectivo**	엘 에훽띠-보
귀금속	**la piedra preciosa**	
	라 삐에-드라 쁘레씨오-사	
분실증명서	**el certificado de pérdida**	
	엘 쎄르띠휘까-도 데 뻬-르디다	
발행증명	**el certificado de emisión**	
	엘 쎄르띠휘까-도 데 에미시온-	
재발행하다	**reimprimir**	레임쁘리미-르
도둑	**el ladrón**	엘 라드론-
도난	**el robo**	엘 로-보
강도	**el ladrón**	엘 라드론-
분실	**la pérdida**	라 뻬-르디다
부상	**herido/a**	에리-도/다
화재	**el incendio**	엘 인쎈-디오
충돌사고	**el choque**	엘 초-께
피난	**el refugio**	엘 레후-히오

11

◐ 병원 관련 단어표현

병원	el hospital	엘 오스삐딸-
간호원	la enfermera	라 엔훼르메-라
구급차	la ambulancia	라 암불란-씨아
환자	el paciente	엘 빠씨엔-떼
입원	la hospitalización	라 오스삐딸리사씨온-

◐ 신체 부위별 명칭

몸	el cuerpo	엘 꾸에-르뽀
머리	la cabeza	라 까베-사
코	la nariz	라 나리-스
귀	la oreja	라 오레-하
입	la boca	라 보-까
손목	la muñeca	라 무녜-까
팔	el brazo	엘 브라-소
발	el pie	엘 삐에
다리	la pierna	라 삐에-르나

가슴	**el pecho**	엘 뻬-초
등	**la espalda**	라 에스빨-다
허리	**la cintura**	라 씬두-라
심장	**el corazón**	엘 꼬라손-
간장	**el hígado**	엘 이-가도

➡ 치료 관련 단어표현

주사	**la inyección**	라 인엑씨온-
처방	**la receta**	라 레쎄-따
약	**el medicamento**	
	엘 메디까멘-또	
체온	**la temperatura del cuerpo**	
	라 뗌뻬라뚜-라 델 꾸에-르뽀	
열	**el fiebre**	엘 휘에-브레
맥박	**el pulso**	엘 뿔-소
두통	**el dolor de cabeza**	
	엘 돌로-르 데 까베-사	
현기증	**el mareo**	엘 마레-오
기침	**la tos**	라 또-스

감기	el catarro	엘 까따-로
폐렴	la neumonía	라 네우모-니아
유행성 감기	la gripe	라 그리-뻬
맹장염	la apendicitis	라 아뻰디씨-띠스

➡ 약국 관련 단어표현

약국	la farmacía	라 화르마씨-아
처방전	la receta	라 레쎄-따
탈지면	el algodón absorbente	
		엘 알고돈- 압소르벤-떼
반창고	el esparadrapo	
		엘 에스빠라드라-뽀
머큐롬	la tintura de yodo	
		라 띤뚜-라 데 요-도
진통제	el calmante	엘 깔만-떼
붕대	la venda	라 벤-다
연고	la pomada	라 뽀마-다
아스피린	la aspirina	라 아스삐리-나

✚ 사고상황 관련 단어!

해열제	**el remedio contra fiebre**
	엘 레메-디오 꼰-뜨라 휘에-브레
진통제	**el calmante** 엘 깔만-떼
위장약	**el medicamento**
	gastrointestinal
	엘 메디까멘-또
	가스뜨로-인떼스띠날-

✚ 긴급상황시 연락처!

스페인에서 긴급한 상황이 발생했을 때 유용하게 쓸 수 있는
연락처 정보입니다.

중앙 경찰 : **091**   시립 경찰 : **092**

소방서 : **080**   긴급 서비스 : **112**

응급 의료 서비스 : **061**

전화번호 안내(국내) : **1003**

전화번호 안내(국제) : **025**

분실, 습득 신고 : **(91) 588434648**

12. 귀국 준비!

 ❶ 귀국 준비!

이제 귀국을 준비할 때입니다. 먼저 짐을 잘 정리해 가방의 부피를 최대한으로 줄이며, 짐의 갯수도 줄이도록 합니다. 그리고 귀국에 필요한 서류들을 다시 한번 확인하고 따로 작은 가방에 넣어 잘 보관합니다. 귀국 때 잃어버리는 짐이 가장 많기 때문에 관리를 잘 하도록 합니다.

ⓐ **예약 재확인 :** 귀국날짜가 정해지면 미리 항공편 좌석을 예약해야 하며, 예약을 이미 해두었을 경우는 출발 예정일의 3일 전에 재확인을 해야 합니다. 항공사에 전화해서 이름, 편명, 행선지를 말하고 자신의 연락 전화번호를 남기도록 합니다. 성수기 때에는 자칫 재확인을 안해서 당일날 좌석을 구하지 못하는 일이 종종 있습니다.

귀국 준비는 이렇게!

ⓑ **수하물의 정리 :** 출발하기 전에 맡길 짐과 기내에 가지고 들어갈 짐을 나누어 꾸리고 토산품과 현지에서 구입한 물건의 품명과 금액을 리스트에 기재해 둡니다. 물건의 파손이 우려되는 제품은 가급적 직접 운반하는 것이 좋으며, 부피가 클 경우는 짐에 '주의! 파손위험' 이라는 스티커를 보딩패스할 때 붙여달라고 요구합니다. 그리고 현지에서 구입한 면세물품 관련 서류를 반드시 챙겨 물건을 꼭 받아 나오도록 합니다.

ⓒ **출국절차 :** 최소한 출발 2시간 전까지는 공항에 미리 도착해 체크인을 하십시오. 9.11테러 이후 수하물 검사가 매우 철저하게 진행되기 때문에 상당 시간이 소요됩니다. 기내휴대 수하물 외의 짐은 탁송합니다. 화물은 항공기 탑재 중량을 먼저 주의하여야 하며, 초과 중량에 대해서는 1㎏당 운임료를 따로 지불해야 합니다. 적지 않은 비용이기 때문에 반드시 미리 체크하도록 합니다.

출국절차는 먼저 자신이 이용할 해당 항공사 데스크로 가서 여권, 출입국카드(입국시에 여권에 붙여놓았던 것), 항공권을  제시하면 계원이 출국 카드를 떼내고 비행기의 탑승권을 줍니다. 탑승권에는 좌석번호는 물론 탑승구 번호와 탑승시간까지 기록되어 있습니다. 이렇게 탑승절차를 마치고 난 후 다음은 보안검색과 기내휴대 수하물의 X선검사를 받습니다. 출국장 안으로 들어가게 되면 먼저 탑승권에 표시된 탑승 게이트로 가서 대기를 하거나 면세품코너를 들러 남은 시간을 보냅니다. 아직 선물을 준비하지 못했다면 이곳에서 사는 것이 좋습니다. 귀국할 때는 인천공항의 면세점을 이용할 수 없습니다.

❷ 한국 도착!

한국에 도착한 후 입국절차는 ⓐ 입국신고서(세관신고서) 작성, ⓑ 검역, ⓒ 입국심사, ⓓ 세관검사의 순으로 진행됩니다. 입국신고서는 미리 준비해 둡니다. (출국신고서 작성시에 준비했던 것) 입국절차는 출국절차의 역순, **Q - I - C** (**Quarantine, Immigration, Customs**)입니다.

ⓐ 검역 : 비행기에서 내리면 맨 먼저 검역 부스가 있습니다. 미국, 유럽 등지에서 오는 여행객에 대해서는 검사가 없습니다. 주로 전염병이 보고된 지역의 여행객이 받습니다.

ⓑ 입국심사 : 내국인이라고 표시된 곳으로 가서 줄을 섭니다. 여권과 입국신고서를 제출하면 계원이 입국 카드를 떼어내고 여권에 입국 스탬프를 찍어 주면 끝입니다.

ⓒ 세관 : 세관신고는 자진 신고제를 운영하고 있습니다. 세관 검사에 필요한 서류는 여권과 세관신고서입니다. 신고할 물품이 있으면 여기에 기재를 합니다만 면세품의 경우는 구두로 신고해도 됩니다. 과세 대상품에 대해서는 세관원이 세액을 산출하여 지불용지를 작성해 줍니다. 지불할 돈이 모자라거나 없을 땐 일단 과세 대상품을 세관에 예치하고 나중에 찾아 가도록 합니다. 현재 술, 담배, 향수 이외의 물건은 해외 취득 가격 합계 400달러까지 면세됩니다. 특별히 신고할 물건이 없으면 녹색심사대를 통해 우선 통과가 가능하지만 만약 미기재된 물품이나 신고한 금액을 초과한 물품에 대해서는 별도의 관세가 부과되며, 반입금지 물품(마약류, 총기류 등)에 대해서는 형사처벌을 받게 됩니다. 그리고 남의 짐을 잠시 맡아 주는 등의 도움이 자칫 밀수, 불법반입으로 악용되는 경우가 있기 때문에 특히 주의가 필요합니다.

① 예약확인!

❶ 예약 재확인을 하고 싶습니다.

❷ 서울에서 예약했습니다.

❸ 12월23일의 KAL702편입니다.

❹ 이름은 ~입니다.

❺ 예약을 변경하고 싶습니다.

❻ 서울까지 이등석 두 명입니다.

❼ 이 예약을 취소해 주십시오.

❶ Deseo reconfirmar la reservación del vuelo.
데-세오 레꼰휘르마-르 라 레세르바씨온- 델 부엘-로

❷ He hecho la reserva en Seúl.
에 에-초 라 레세-르바 엔 세울-

❸ KAL 702 del día 23 de diciembre.
깔 시에떼 쎄로 도스 델 디-아 베인띠뜨레스
데 디씨엠-브레

❹ Mi nombre es ～.
미 놈-브레 에스 ～

❺ Deseo cambiar la reservación.
데세-오 깜비아-르 라 레세르바씨온-

❻ Son dos personas en la clase económica hasta Seúl.
손 도스 뻬르소-나스 엔 라 끌라-세 에꼬노-미까
아스따 세울-

❼ Por favor, anule la reservación de este vuelo.
뽀-르 화보-르 아눌-레 라 레세르바씨온- 데
에스떼 부엘-로

❷ 귀국시 공항에서!

❶ 이 짐들을 대한항공 카운터로 옮겨주십시오.

❷ 탑승수속은 어디서 합니까?

❸ 창쪽 자리로 해 주십시오.

❹ 탑승개시는 몇 시입니까?

❺ 게이트 번호를 가르쳐 주십시오.

❻ 수하물 검사는 어디서 합니까?

❼ 6번 게이트는 어디입니까?

❶ **Lleve estas maletas al mostrador del Korean Air.**
이예-베 에스따스 말레-따스 알 모스뜨라도-르 델
코리안 에어

❷ **¿Dónde puedo tramitar el embarque?**
돈-데 뿌에-도 뜨라미따-르 엘 엠바-르께

❸ **El asiento de la ventanilla por favor.**
엘-아시엔또 델-라 벤따니-이야 뽀-르 화보-르

❹ **¿A qué hora empieza el embarque?**
아 께- 오-라 엠삐에-싸 엘 엠바-르께

❺ **Enséñeme el número de la puerta.**
엔세-녜메 엘 누-메로 데 라 뿌에-르따

❻ **¿Dónde se hace la inspección del equipaje?**
돈-데 세 아-쎄 라 인스빽씨온- 델 에끼빠-헤

❼ **¿Dónde está la puerta No. 6?**
돈-데 에스따- 라 뿌에-르따 누-메로 세이스

특별부록
비지니스 스페인어

해외 출장을 떠나시는 독자 여러분들을 위한 필수 비지니스 스페인어 회화를 특별 부록편으로 모아 정리했습니다. 간단한 인사말에서부터 상담, 계약, 주문에 이르기까지 꼭 필요한 필수 문장들을 중심으로 소개해 드립니다. 독자 여러분의 '성공 비지니스'를 기원합니다.

 ❶ 초면의 인사법!

비지니스에 있어서 첫 만남은 무엇보다도 중요합니다. 상대에게 좋은 인상을 줄 수 있도록 첫 인사말을 준비해 봅니다. 상대와의 첫 인사! 무엇보다도 여러분의 밝은 미소와 자신감을 함께 전하십시오.!

스페인인과의 비지니스!

'**Buenos días.**' (부에-노스 디-아스)와 '**Mucho gusto.**' (무-초 구-스또)는 처음 만났을 때 나눌 수 있는 인사로서 '안녕하세요.', '처음 뵙겠습니다.' 라는 뜻입니다. 상대방이 이렇게 말했을 때에는 '**Me alegro de verle.**' (만나서 반갑습니다. : 메 알레-그로 데 베-를레)()라고 대답하면서 반가움을 표시하면 되겠습니다.

❷ 다양한 인사법!

서로 만나 인사라도 나눈 적이 있거나, 이미 아는 사이 라면 인사법이 좀 더 편해집니다. 그래서 아침이나 낮 에는 '**Buenos días.**' (부에-노스 디-아스), '**Buenas tardes**' (부에-나스 따-르데스)라고 인사 하며, '**¿Cómo está?**' (안녕하세요? : 꼬-모 에스 따-), '**Bien.**' (저도 잘 지내고 있어요. : 비엔)이라고 대답합니다.

그외의 인사법으로 감사의 인사를 할 때에는 '**Gracias.**' (감사합니다. : 그라-씨아스), '**Muchas gracias.**' (대단히 감사합니다 : 무-차스 그라-씨아 스), '**Gracias por atenderme.**' (보살펴주셔서 감 사합니다. : 그라-씨아스 뽀-르 아뗀데-르메), '**Gracias por su gran ayuda.**' (아주 많은 도움 감사합니다. : 그라-씨아스 뽀-르 수 그란- 아유-다) 그리고 '**De nada.**' (천만에요. : 데 나-다)가 있습니다.

비지니스 회화!

❶ 누구를 찾으세요?

❷ ~사장님과 만나기로 약속했습니다.

❸ 그와 상의할 문제가 좀 있어서요.

❹ 그는 오늘 쉬는 날입니다.

❺ ~씨는 지금 회의 중입니다.

❻ 손님이 오셨습니다.

❼ 오래 기다리게 해서 죄송합니다.

앗! 단어장!

la cita (라 씨-따) : 약속
el encuentro (엘 엥꾸엔-뜨로) : 면담
la discusión (라 디스꾸시온-) : 토의

236

❶ 방문객을 맞을 때!

❶ ¿Con quién tiene la cita?
꼰 끼엔- 띠에-네 라 씨-따

❷ Tengo una cita con el jefe, el Sr. ...
뗑-고 우나 씨-따 꼰 엘 헤-훼 엘 세뇨-르 ...

❸ Tengo un tema que consultar con él.
뗑-고 운 떼마 께 꼰술따-르 꼰 엘-

❹ Hoy, él no trabaja.
오이 엘- 노 뜨라바-하

❺ El Sr. ... está en una conferencia.
엘 세뇨-르 ... 에스따- 엔 우나 꼰훼렌-씨아

❻ Hay un visitante.
아이 운 비시딴-떼

❼ Lo siento mucho por hacerle esperar mucho tiempo.
로 시엔-또 무-초 뽀르 아쎄-를레 에스뻬라-르 무-초 띠엠-뽀

앗! 단어장!

esperar (에스뻬라-르) : 기다리다
las vacaciones (라스 바까씨오-네스)
　　　　　　 : 휴가
el cliente (엘 끌리엔-떼) : 거래처

기본 회화에서 계약 성공까지!

비지니스 회화!

Business Spanish

❶ 뵙게되어 반갑습니다.

❷ 우리 회사에 오신 것을 환영합니다.

❸ 저는 SBJ의 대표이사, 이민수입니다.

❹ 제 명함입니다.

❺ 이쪽으로 오시겠습니까?

❻ 사업 근황이 어떻습니까?

앗! 단어장!

atender (아뗀데-르) : 맞이하다
la acogida (라 아꼬히-다) : 영접
la bienvenida (라 비엔베니-다) : 환영

❷ 인사할 때!

❶ Encantado.
엔깐따-도

❷ Bienvenido a mi compañía.
비엔베니-도 아 미 꼼빠니-아

❸ Yo soy Minsu Lee, representante de SBJ.
요 소이 민수 리 레쁘레센딴-떼 데 에세 베 헤

❹ Ésta es mi tarjeta.
에-스따 에스 미 따르헤-따

❺ Venga por aquí, por favor.
벵-가 뽀-르 아끼- 뽀-르 화보-르

❻ ¿Cómo le va el negocio?
꼬-모 레 바 엘 네고-씨오

앗! 단어장!

la empresa (라 엠쁘레-사) : 회사
el representante (엘 레쁘레센딴-떼)
　　　　　　　　　　： 대표이사
la tarjeta (라 따르헤-따) : 명함

❶ 저희 회사는 2000년에 설립되었습니다.

❷ 지점은 몇 개나 됩니까?

❸ 귀사의 주요 상품은 무엇입니까?

❹ 국제인증을 가지고 있습니까?

❺ 귀사의 마케팅전략이 무엇입니까?

❻ 지난해 귀사의 시장 점유율은 어땠나요?

❼ 총 시장의 80 퍼센트를 차지했어요.

❸ 회사를 소개할 때!

❶ Se fundó la empresa en el 2000.
세 훈도- 라 엠쁘레-사 엔 엘 도스밀

❷ ¿Cuántas sucursales tiene?
꾸안-따스 수꾸르살-레스 띠에-네

❸ ¿Cuál es el producto principal de su empresa?
꾸알- 에스 엘 쁘로둑-또 쁘린씨빨- 데 수 엠쁘레-사

❹ ¿Tiene el certificado internacional?
띠에-네 엘 쎄르띠휘까-도 인떼르나씨오날-

❺ ¿Cuál es la estrategia de marketing de su compañía?
꾸알- 에슬 라 에스뜨라떼-히아 데 마르께띵- 데 수 꼼빠니-아

❻ ¿Cuál fue la porción de su empresa del año pasado en el mercado?
꾸알- 후에 라 뽀르씨온- 데 수 엠쁘레-사 델 아-뇨 빠사-도 엔 엘 메르까-도

❼ La porción fue el 80% del total del mercado.
라 뽀르씨온- 후에 엘 오첸-따 뽀르씨엔-또 델 또 딸- 델 메르까-도

❶ 교환번호 305번 대주시겠어요?

❷ 그는 지금 통화중입니다.

❸ 잠시만 기다려 주십시오.

❹ 그는 지금 자리에 안 계신데요.

❺ 5분 후에 다시 전화해 주시겠어요?

❻ ~씨와 어떻게 연락할 수 있을까요?

❼ 제게 전화해 주었으면 한다고 그에게
전해 주십시오.

prometer (쁘로메떼-르) : 약속하다

cancelar (깐쎌라-르) : 취소하다

앗! 단어장!　　**aplazar** (아쁠라사-르) : 연기하다

❹ 전화 통화시에!

❶ Con la extensión número 305, por favor.
꼰 라 엑스뗀시온- 누-메로 뜨레스 쎄로 씽꼬 뽀-르 화보-르

❷ Está ocupada.
에스따- 오꾸빠-다

❸ Espere un momento.
에스뻬-레 운 모멘-또

❹ Él no está en la oficina.
엘 노 에스따- 엔 라 오휘씨-나

❺ ¿Puede llamar de nuevo dentro de 5 minutos?
뿌에-데 이야마-르 데 누에-보 덴-뜨로 데 씽꼬 미누-또스

❻ ¿Cómo puedo estar en contacto con el Sr. ...?
꼬-모 뿌에-도 에스따-르 엔 꼰딱-또 꼰 엘 세뇨-르 ...

❼ Dígale que me telefonee.
디-갈레 께 메 뗄레호네-에

el teléfono (뗄레-호노) : 전화
el punto de información
(엘 뿐-또 데 인포르마씨온-) : 연락처

앗! 단어장!

기본 회화에서 계약 성공까지!

비지니스 회화!

Business Spanish

❶ 귀사의 신제품을 보여주실 수 있습니까?

❷ 어떻게 작동하는지 보여 드리겠습니다.

❸ 1개 가격은 얼마입니까?

❹ 개당 10 달러입니다.

❺ 가격은 주문 수량에 의해 정해집니다.

❻ 이것이 최저가격인가요?

❼ 지불조건은 어떻습니까?

앗! 단어장!

el producto nuevo
(엘 쁘로둑-또 누에-보) : 신제품

el precio (엘 쁘레-씨오) : 가격

❺ 상담할 때!

❶ ¿Puede mostrarme su nuevo producto?
뿌에-데 모스뜨라-르메 수 누에-보 쁘로둑-또

❷ Voy a mostrarle cómo funciona esto.
보이 아 모스뜨라-를레 꼬-모 훈씨오-나 에스또

❸ ¿Cuánto cuesta cada uno de estos?
꾸안-또 꾸에-스따 까다 우노 데 에-스또스

❹ 10 dólares por cada uno.
디에스 돌-라레스 뽀-르 까다 우노

❺ El precio variará dependiendo de la cantidad del pedido.
엘 쁘레-씨오 바리아라- 데뺀디엔-도 델 라 깐띠닫- 델 뻬디-도

❻ ¿Es este el precio más barato?
에스 에-스떼 엘 쁘레-씨오 마-스 바라-또

❼ ¿Cuáles son las condiciones de pago?
꾸알-레스 손 라스 꼰디씨오-네스 데 빠고

el pedido (엘 뻬디-도) : 주문

las condiciones (라스 꼰디씨오-네스)
: 조건

앗! 단어장!

❶ 최신 제품의 샘플을 보여 드리겠습니다.

❷ 그 제품의 재고가 있습니까?

❸ 귀사의 제품을 주문하고 싶습니다.

❹ 얼마나 주문하실 겁니까?

❺ 주문을 변경하고 싶습니다.

❻ 계약서를 작성합시다.

❼ 언제 대금을 송금해 주실 건가요?

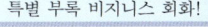

❻ 계약, 주문할 때!

❶ Voy a enseñarle una muestra del nuevo producto.
보이 아 엔세냐-를레 우나 무에-스뜨라 델 누에-보 쁘로둑-또

❷ ¿Tiene alguna existencia de ese producto?
띠에-네 알구-나 엑시스뗀-씨아 데 에쎄 쁘로둑-또

❸ Quiero pedir los productos de su compañía.
끼에-로 뻬디-르 로스 쁘로둑-또스 데 수 꼼빠니-아

❹ ¿Cuánto pedirá?
꾸안-또 뻬디라-

❺ Quiero cambiar el pedido.
끼에-로 깜비아-르 엘 뻬디-도

❻ Vamos a elaborar el contrato.
바-모스 아 엘라보라-르 엘 꼰뜨라-또

❼ ¿Cuándo me enviará el importe?
꾸안-도 메 엠비아라- 엘 임뽀-르떼

부록
필수
단어사전 !

부록 : 필수 단어사전!

꼭! 꼭! 꼭! 필요한 단어들을 내용별로 정리한 사전입니다!

➡ 숫자세기

1	**uno**	우노
2	**dos**	도스
3	**tres**	뜨레스
4	**cuatro**	꽈뜨로
5	**cinco**	씽꼬
6	**seis**	세이스
7	**siete**	시에떼
8	**ocho**	오초
9	**nueve**	누에베
10	**diez**	디에스
20	**veinte**	베인떼
30	**treinta**	뜨레인따
40	**cuarenta**	꽈렌따
50	**cincuenta**	씽꾸엔따

60	**sesenta**	세 센 따
70	**setenta**	세 뗀 따
80	**ochenta**	오 첸 따
90	**noventa**	노 벤 따
100	**cien**	씨 엔
101	**ciento uno**	씨 엔또 우 노
102	**ciento dos**	씨 엔또 도 스
110	**ciento diez**	씨 엔또 디에스
120	**ciento veinte**	씨 엔또 베인떼
130	**ciento treinta**	씨 엔또 뜨레인따
200	**dos cientos**	도 스 씨엔또스
300	**tres cientos**	뜨레스 씨엔또스
1,000	**mil**	밀
10,000	**diez mil**	디에스 밀
100,000	**cien mil**	씨 엔 밀
1,000,000	**un millón**	운 미욘-
첫째	**primero**	쁘리메-로
둘째	**segundo**	세군-도
셋째	**tercero**	떼르쎄-로
넷째	**cuarto**	꽈-르또
다섯째	**quinto**	낀-또
여섯째	**sexto**	섹-스또
일곱째	**séptimo**	셉-띠모
여덟째	**octavo**	옥따-보
아홉째	**noveno**	노베-노
열번째	**décimo**	데-씨모

시간

1시	**la una**	라 우나
1시간	**una hora**	우나 오-라
2시	**las dos**	라스 도스
2시간	**dos horas**	도스 오-라스
3시	**las tres**	라스 뜨레스
3시간	**tres horas**	뜨레스 오-라스
4시	**las cuatro**	라스 꽈뜨로
4시간	**cuatro horas**	꽈뜨로 오-라스
5시	**las cinco**	라스 씽꼬
5시간	**cinco horas**	씽꼬 오-라스
6시	**las seis**	라스 세이스
6시간	**seis horas**	세이스 오-라스
7시	**las siete**	라스 시에떼
7시간	**siete horas**	시에떼 오-라스
10시	**las diez**	라스 디에스
10시간	**diez horas**	디에스 오-라스
11시	**las once**	라스 온쎄
11시간	**once horas**	온쎄 오-라스
12시	**las doce**	라스 도쎄
12시간	**doce horas**	도쎄 오-라스
10분	**diez minutos**	디에스 미누-또스
15분	**quince minutos**	낀쎄 미누-또스
15분	**un cuarto**	운 꽈-르또
20분	**veinte minutos**	베인떼 미누-또스
30분	**treinta minutos**	뜨레인따 미누-또스
30분	**un medio**	운 메-디오
45분	**cuarenta y cinco minutos** 꽈렌따 이 씽꼬 미누-또스	

❍ 날짜와 요일

아침	**la mañana**	라 마냐-나
정오	**el mediodía**	엘 메디오디-아
저녁	**la tarde**	라 따-르데
밤	**la noche**	라 노-체
오늘	**hoy**	오이
내일	**mañana**	마냐-나
모레	**pasado mañana**	빠사-도 마냐-나
어제	**ayer**	아예-르
그저께	**anteayer**	안떼아예-르
매일	**todos los días**	또-도스 로스 디-아스
오전	**por la mañana**	뽀-를 라 마냐-나
오후	**por la tarde**	뽀-를 라 따-르데
일요일	**domingo**	도밍-고
월요일	**lunes**	루-네스
화요일	**martes**	마-르떼스
수요일	**miércoles**	미에-르꼴레스
목요일	**jueves**	후에-베스
금요일	**viernes**	비에-르네스
토요일	**sábado**	사-바도
이번주	**esta semana**	에스따 세마-나
다음주	**la semana próxima**	라 세마-나 쁘록-씨마
지난주	**la semana pasada**	라 세마-나 빠사-다
매주	**todas las semanas**	또-다스 라스 세마-나스
평일	**entre semana**	엔뜨레 세마-나
주말	**fin de semana**	휜 데 세마-나

◐ 월(月), 계절

1월	**enero**	에네-로
2월	**febrero**	훼브레-로
3월	**marzo**	마-르쏘
4월	**abril**	아브릴-
5월	**mayo**	마-요
6월	**junio**	후-니오
7월	**julio**	훌-리오
8월	**agosto**	아고-스또
9월	**septiembre**	셉띠엠-브레
10월	**octubre**	옥뚜-브레
11월	**noviembre**	노비엠-브레
12월	**diciembre**	디씨엠-브레

이번달	**este mes**	에스떼 메스
다음달	**el mes próximo**	엘 메스 쁘록-씨모
지난달	**el mes pasado**	엘 메스 빠사-도
매월	**todos los meses**	또-도스 로스 메-세스
월말	**fin de mes**	휜 데 메스

봄	**primavera**	쁘리마베-라
여름	**verano**	베라-노
가을	**otoño**	오또-뇨
겨울	**invierno**	인비에-르노

◐ 사람 · 가족

소년	el muchacho	엘 무차-초
소녀	la muchacha	라 무차-차
남자	el hombre	엘 옴-브레
여자	la mujer	라 무헤-르
아기	el bebé	엘 베베-
어린이	el niño	엘 니-뇨
아버지	el padre	엘 빠-드레
어머니	la madre	라 마-드레
부모	los padres	로스 빠-드레스
아들	el hijo	엘 이-호
딸	la hija	라 이-하
남편	el esposo	엘 에스뽀-소
아내	la esposa	라 에스뽀-사
형제	los hermanos	로스 에르마-노스
자매	las hermanas	라스 에르마-나스
조카	el sobrino	엘 소브리-노
조카딸	la sobrina	라 소브리-나
숙부	el tío	엘 띠-오
숙모	la tía	라 띠-아
할아버지	el abuelo	엘 아부엘-로
할머니	la abuela	라 아부엘-라
형	el hermano mayor	엘 에르마-노 마요-르
누나	la hermana mayor	라 에르마-나 마요-르
남동생	el hermano menor	엘 에르마-노 메노-르
여동생	la hermana menor	라 에르마-나 메노-르

❍ 나라/국민/언어

한국	**Corea**	꼬레-아
한국인	**el coreano / la coreana**	
	엘 꼬레아-노 / 라 꼬레아-나	
한국어	**el coreano**	엘 꼬레아-노
중국	**China**	치-나
중국인	**el chino / la china**	엘 치-노 / 라 치-나
중국어	**el chino**	엘 치-노
일본	**Japón**	하뽄-
일본인	**el japonés / la japonesa**	
	엘 하뽀네-스 / 라 하뽀네-사	
일본어	**el japonés**	엘 하뽀네-스
미국	**los Estados Unidos**	
	로스 에스따-도스 우니-도스	
미국인	**el estadounidense / la estadounidense**	
	엘 에스따도우니덴-세 / 라 에스따도우니덴-세	
영국	**Inglaterra**	잉글라떼-라
영국인	**el inglés / la inglesa**	
	엘 잉글레-스 / 라 잉글레-사	
영어	**el inglés**	엘 잉글레-스
독일	**Alemania**	알레마-니아
독일인	**el alemán / la alemana**	
	엘 알레만- / 라 알레마-나	
독일어	**el alemán**	엘 알레만-
프랑스	**Francia**	후란-씨아
프랑스인	**el francés / la francesa**	
	엘 후란쎄-스 / 라 후란쎄-사	
프랑스어	**el francés**	엘 후란쎄-스

➡ 색깔

빨간색	rojo	로-호
흰색	blanco	블랑-꼬
노란색	amarillo	아마리-이요
파란색	azul	아술-
검은색	negro	네-그로
초록색	verde	베-르데
분홍색	rosado	로사-도
자주색	morado	모라-도
갈색	marrón	마론-
회색	gris	그리-스

Step by step!

1 목적지 공항도착!
목적지 공항에 도착하면 짐을
잘 챙겨서 내립니다. 입국심사
서는 미리 준비하세요!

Step 1

2 도착 출구통과!
'Arrival' 이라고 써있는
출구를 찾아 통과합니다.

Step 2

✚ 잠깐만요!
여권! 입국심사서! 항공권! 수하물표!를
잘 챙겨서 나가십시오!